건강한 삶의 샘

하나님이 가라사대

"덮어놓고 기뻐하라"

박형용 편저

And God said,
"Rejoice
without Reason."

Hyung Yong Park

건강한 삶의 샘

하나님이 가라사대

"덮어놓고
기뻐하라"

"감동과 행복과 지혜와 재치와
웃음의 이야기들은 읽는 사람을
긍정적으로 생각하게 만들고,
활기 있는 삶을 살 수 있게 하며, 결과적으로
좋은 인격형성을 위해 큰 역할을 한다,"
"감동하며 웃을 수 있는 이야기들,
웃으면서 행복해 질 수 있는 이야기들,
읽는 이의 마음을 흐뭇하게하는 지혜와 재치의 이야기들
그리고 삶을 풍요롭게 하고
깊은 의미를 담고 있는 정보들이
여기에 자리를 같이 했다.;
웃음은 웃는 사람의 마음을 편하게 하고
다른 사람의 마음도 즐겁게 만든다."

저자의 말

지난 2002년 2월부터 2003년 9월까지 본 편저자는 특별한 책을 출판했다. 그것들은 감동의 이야기를 모은 「하나님이 가라사대, "아니야"」, 행복과 지혜의 이야기를 모은 「하나님이 가라사대, "그럼에도 불구하고"」, 그리고 웃음과 재치의 이야기를 모은 「하나님이 가라사대, "그래, 그거야"」이다. 책의 성격으로 보아 신학자가 외도의 길을 걸은 셈이다. 하지만 감동과 행복과 지혜와 재치와 웃음의 이야기들은 읽는 사람을 긍정적으로 생각하게 만들고, 활기 있는 삶을 살 수 있게 하며, 결과적으로 좋은 인격형성을 위해 큰 역할을 한다. 본서의 내용들은 편저자가 책을 읽을 때, 설교를 들을 때, 보통 대화 중에, 신문을 읽을 때 언제든지 유익한 이야기를 읽거나 들으면 그것들을 기록해 두었다가 정리해서 모은 것들이다.

본서에서는 감동, 행복, 지혜와 재치, 웃음, 그리고 정보의 이야기를 모았다. 감동하며 웃을 수 있는 이야기들, 웃으면서 행복해 질 수 있는 이야기들, 읽는 이의 마음을 흐뭇하게 하는 지혜와 재치의 이야기들 그리고 삶을 풍요롭게 하고 깊은 의미를 담고 있는 정보들이 여기에 자리를 같이 했다. 웃음은 웃는 사람의 마음을 편하게 하고 다른 사람의 마음도 즐겁게 만든다.

본인은 이 이야기들을 읽고 들으면서 마음이 따뜻해지기도 했고, 너털웃음을 웃기도 했고, 크게 각오를 해보기도 했고, 그리고 삶의 밝은 면을 즐기기도 했다. 바라기는 이 이야기를 읽는 이들의 삶이 더 밝은 삶, 더 유익한 삶, 더 웃는 삶으로 변할 수 있기를 빈다. 감동의 느낌과 행복의 느낌은 삶을 더 밝게 만들고 웃음은 좋은 균과 같아 현대인의 스트레스를 해소시키는 데 크게 기여한다.

2005. 1. 편저자

목차

3부 지혜의 샘

4부 웃음과 재치의 샘

5부 정보의 샘

## 1부

감동의 샘

 ## 모래위의 발자국

"어느날 나는 꿈을 꾸었습니다. 나는 주님과 함께 해변을 따라 거닐고 있었습니다. 그런데 내 생애의 장면들이 하늘에 펼쳐있는 것을 보았습니다. 내 생애의 장면마다 나는 두 쌍의 발자국을 보았습니다. 하나는 나의 발자국이요, 다른 하나는 주님의 발자국이었습니다. 내 생애의 마지막 장면이 나타났을 때, 나는 모래 위의 발자국을 되돌아보았습니다. 그리고 놀랍게도 나는 나의 삶의 과정에 여러 차례 한 쌍의 발자국만을 보았습니다. 나는 그 때가 내 삶의 과정 중 가장 힘들고 가장 슬픈 시간이었음을 알았습니다.

그래서 나는 주님께 그것에 관하여 질문을 했습니다. "주님, 주님은 내가 주님을 따르기로 작정하면 주님께서는 언제나 어디서나 나와 함께 하시겠다고 말씀하지 않으셨습니까? 그런데 내 생애의 가장 어려운 때에

내가 주님을 가장 필요로 할 때에 주님은 내 곁을 떠나
계셨음을 알았습니다.”

　주님께서는 말씀하셨습니다. “나의 존귀한 아들아,
나는 네가 고난의 과정을 겪는 동안 네 곁을 떠나지 않
았다. 네가 단지 한 쌍의 발자국을 보는 그 곳에서는 내
가 너를 품에 안고 걸어 갔단다.”

* Footprints in the Sand

　One night I had a dream. I was walking along
the beach with the Lord, and across the skies
flashed scenes from my life. In each scene I saw
two sets of footprints. One was mine, and one
was the Lord's. When the last scene of my life
appeared before me, I looked back at the
footprints in the sand, and to my surprise, I saw
that many times along the path of my life there
was only one set of footprints. I noticed that it
was at the lowest and saddest times in my life. I
asked the Lord about it: "Lord, You said that once
I decided to follow You, You would walk with
me all the way. But I noticed that during the
most troublesome times in my life You left my

side when I needed You most."

The Lord said: "My precious child, I never left your side during your time of trial. Where you see only one set of footprints, it was then I carried you."

 ## 똥처럼 썩겠습니다

김윤기 목사가 과천에서 개척할 때의 일이다. 김 목사는 야시장에 가서 모든 똥을 모았다. 그리고 김 목사는 그 똥을 강대상 밑에 파묻고 그 위에 장판을 덮고 "주님 나는 똥처럼 썩겠습니다"라고 기도하며 목회를 시작했다.

– 김윤기 목사(새과천교회)
합신 경건회에서(2003.10.22.수)

# 장애를 극복하는 정신 수련

윌리엄 바클레이(1907~1960)는 역사적 근거와 폭넓은 신학지식을 통해 많은 성경 주석서를 남긴 영국의 신학자였다. 그는 심한 청각 장애를 앓고 있었다. 보청기를 빼면 전화 벨 소리도 들을 수 없을 정도였다. 그러나 그는 이 '장애'를 '신학 정진'으로 승화시켰다. 그는 어떤 사람으로부터 "훌륭한 저술의 비결이 무엇입니까?"라는 질문을 받고 귀에서 보청기를 뺀 후에 이렇게 말했다. "이것을 빼면 세상의 소리와 차단되죠. 그래서 더욱 열심히 책을 읽을 수 있었고 성경을 연구할 수 있었습니다."

# 물통 속에서 순교한 이창환 전도사

1949년 가을 강양욱은 친히 평양 재건교회를 방문하여 기독교연맹에 가입할 것을 강요했다. 이 때 평양 재건교회를 담임하고 있던 이창환 전도사는 기독교 연맹에 가입할 수 없다는 이유를 다음과 같이 설명하였다.

"일제시대 신사참배를 하고 무신론과 유물론에 근거한 공산주의자들의 앞잡이로 만들어진 마귀의 집단에는 가입할 수 없다. 기독교 연맹에 가입을 권고해 온 강양욱은 서기장이지만 목사인고로 목사로 상대하여 증거하는 바를 이행해라." "당신은 과거 일제 시대에는 신사참배를 하면서 신사참배는 국가의식이니 죄가 아니라고 하여 많은 교인들을 미혹하여 타락시켰고, 지금은 기독교 연맹을 조직하여 많은 교인들을 공산당 앞잡이로 만드는 괴수이니, 분명히 마귀 중 괴수 마귀라"고 경고를 하면서 속히 회개하고 예수를 바로 믿으라고 권면했다. 이 때 주위에서 지켜보던 교우들이 "왕 마귀야 ! 회개하라 !"고 하니 얼굴이 붉어 가지고 나아가면서 "나를 앞으로만 보지말고 뒤로도 옆으로도 보아야 한다"고 자신의 권력을 과시하면서 퇴장하였다.

몇 시간 후 이창환 전도사는 내무서원에게 체포되어 가혹한 고문 후에 사동탄광 강제노동소로 끌려갔다. 그리고 그들은 추운 겨울날 이창환 전도사를 물통 속에 넣어 동사시키고 말았다. 1949년 12월 20일 순교자 이창환 전도사의 장례식은 하나님께 많은 영광을 돌려보냈고 살아 남은 동역자들과 교우들에게 빛나는 본을 보여 신앙생활에 큰 격려가 되었다.

친구간 10년의 의리

조선시대 영조 때 유진항과 김성호는 어릴 때부터 죽마고우였다. 유진항의 부모가 일찍 하직하여 유진항은 김성호 집에 기숙하며 살았다. 유진항이 13세 되던 때 그는 스스로 삶을 개척하겠다고 김성호의 집을 떠났다. 그 후 서로간 소식이 끊겼다. 그 후 유진항은 높은 벼슬에 올랐고 김성호 집은 아버지의 서거로 몰락하여 근근히 연명하게 되었다.

영조는 백성이 먹고살기도 어려운데 술 만드는 것을 금지하는 어명을 내렸다. 그런데 백성들간에 술 만드는 것이 그치지 않자 영조는 유진항을 시켜 술 만드는 집을 찾도록 지시한다. 유진항은 기생의 도움으로 술 만드는 장소를 찾았는데 그 집이 바로 김성호의 집이었다. 김성호의 어머니가 김성호를 후원하기 위해 어명이 있음에도 불구하고 술을 만들어 판 것이다. 유진항은 10년 이상 지났지만 죽마고우인 김성호를 고발하지 않고 자신이 모든 책임을 지고 귀양길에 오른다.

영조는 후에 유진항을 방면하여 지방 목사(지방책임자)로 임명한다. 이 때에 술을 담그는 폐단이 그치지 않자 영조는 김성호를 암행어사로 임명하여 술 담그는 사람을 발본색원하도록 했다. 그런데 지방 목사가 된 유진항은 그 지역 백성에게 치유의 목적으로 쓸 수 있도록 술을 담그도록 허용했다.

암행어사인 김성호가 유진항이 다스리는 지역에 와서 술 담그는 사람을 붙들어 관아에 끌고 가서 사또 이하 모든 관리를 붙잡아 심문하는 과정에 그 지방 사또가 유진항인 것을 알게 되었다. 김성호는 자신의 목숨을 걸고 유진항의 죄를 고발하지 않았다. 후에 이 사실을 안 영조는 유진항을 더 높은 벼슬에 제수하고, 김성호를 대신에 제수하게 되었다.

 # 영적인 것과 세상적인 것

요한일서 2:16은 "이 세상에 있는 모든 것이 육신의 정욕과 안목의 정욕과 이생의 자랑이니 다 아버지께로 좇아 온 것이 아니요 세상으로 좇아온 것이라" 라고 말한다.

그런데 영적인 것도 세상적인 자랑이 될 수 있다. "나는 사랑의 교회에 다닌다," "나는 충현교회에 다닌다," "나는 영락교회에 다닌다" 라고 20-30명 되는 교회 목회자에게 말하면 그 말은 그 목회자의 마음에 좌절을 안겨주는 말이 된다. "우리 교회 헌금은 몇 억이 된다" 라고 한 주에 몇 만원 밖에 안 되는 교회의 목사에게 말하면 그 말은 많은 상처와 좌절을 가져온다. 영적인 것 같은 자랑도 사실은 영적인 자랑이 아니요 세상적인 자랑이다. 하나님이 그런 자랑을 가지고 아무 것도 하실 수 없다.

– 박병식 목사(2002.12.29) 송파제일교회 저녁예배시

 ## 젊을 때 용서를 배우라

박병식 목사(2002.12.29) 송파제일교회 저녁예배시
우리는 젊었을 때 용서함을 배워야 한다. 사람이 늙어지
면 용서하기가 더 힘들다. 용서하지 못하는 삶은 자기
자신의 감옥에 갇혀 사는 비참한 삶이다.

– 박병식 목사(2002.12.15) 송파제일교회 저녁예배시

 무지는 치료할 수 있으나
오해는 치료할 수 없다

"내가 벌거벗은 몸으로 길거리에 내 팽개쳐질 지라도
그렇게 될 수밖에 없는 이유를 내 속에서 발견합니다"
라는 말 이외에 다른 말 할 것이 없다.

– 박병식 목사(2002.10.20) 송파제일교회 저녁예배시

 # 남매의 희생적 삶

한 자매가 늙을 때까지 남동생을 위해 살았다. 주위 사람이 이제는 남동생이 결혼도 했고 잘 살고 있으니 자신의 삶을 살지 않고 아직도 동생을 위해서 사느냐고 물었다. 그 자매가 들려주는 이야기는 다음과 같다.

남동생이 10살 때에 자신이 죽을병에 걸렸는데 수혈이 필요했다. 그런데 그 자매의 혈액형이 특이해서 다른 사람의 피는 소용이 없고 오로지 남동생의 피만 수혈이 가능했다. 그런데 남동생이 10살 때 누나에게 수혈을 한 다음에 의사에게 "선생님 나는 언제 죽지요?" 라고 물었다. 의사가 "죽기는 왜 죽어" 라고 대답하자, 그 아이는 "수혈하면 죽지 않나요?" 라고 말했다. 10살짜리 남동생은 수혈을 하면 죽는 줄로 생각했다.

의사가 이 이야기를 누나에게 전해 주었고 그 누나는 "내 동생이 자신의 생명을 바쳐서 나를 구했구나" 라고

생각하고 그 때부터 "나는 내 동생을 위해 살겠다"고
결심하고, 결혼도 하지 않고 계속 동생을 위해 살고 있
다고 전했다.

- 김태준 목사 전언(중동교회 목사)
(2003.2.15)하나로교회 입당예배 설교

이영표 선수의 전도 방법

　　이영표 선수는 예수님을 잘 믿는 축구선수이다. 그는 경기할 때 골을 넣으면 그 자리에 꿇어앉아 하나님께 감사 기도를 드린다. 그런데 한 번은 국가 대표 축구 선수들이 외국에 원정 가기 위해 비행기 여행을 하게 되었다. 그 때 대표팀의 코치가 정해성 코치(2004년 현재 부천 SK 감독)였다. 정코치가 화장실을 가는데 이영표 선수에게 붙들렸다. 이영표 선수는 정코치에게 3시간 동안 전도를 했다(정코치의 이야기로는 설교를 들었다). 선수가 코치에게 전도하는 것은 거의 불가능한 일이다. 결국 정해성 코치(감독)는 예수님을 영접하고 현재 교회에 나간다.

- 이영무 감독 전언
(2004.5.2) 송파제일교회 저녁예배시

리더의 덕목

이스라엘 군대에서 지휘관은 "앞으로 전진"이란 명령은 절대로 사용하지 않는다. 그러면 무슨 말을 사용하는가 "나를 따르라"를 사용한다. 예수님도 "나를 따르라"라고 말씀하신다.

– 강영모 목사 송파제일교회(2004.2.29)
주일 저녁설교 중에서

천로역정

우리는 문제를(짐을) 모두 해결하고 가지 않는다. 우리는 짐을 지고 가야한다. 우리는 죽을 때까지 우리에게 맡겨진 짐을 해결하고 가는 것이 아니요, 지고 가야하는 것이다.

– 박영선 목사(2004.3.26.금)

합신 경건회 설교시

 # 헌신과 섬김의 제자 道

목사님께서 금식기도를 시작한 지 1주일이 지났지만, 그에게 아무런 은혜의 표징이 나타나지 않았다. 목이 타고 배는 고프고 힘을 쓸 수 없었지만, 주실 큰 은혜를 간구하시면서 포기하지 않고 더 갈구하셨다. 금식한 지 10일이 되어서 비몽사몽간에 목사님은 하나님 나라를 가시게 되었다는 것이다. 말할 수 없는 환희를 느끼면서 하나님 나라를 돌아보셨다.

목사님은 하나님 나라에 들어가서 성도들이 살고 있는 방문을 열어보셨다. 성도들의 방들은 찬란한 빛이 비치는 금은 보화로 가득 차 있었다. 너무나 기뻤다는 것이다. 성도들의 헌신과 봉사는 하나님 나라에서 표현할 수 없는 보상을 받는 것으로 이해되었다. 이제 목사님 자신이 거할 방도 찬란한 보화로 가득 차 있으리라 예상하고 문을 열어보았다. 그런데 웬일인가? 예상 밖으로 그 방에는 지푸라기만 가득 차 있었다. 깜짝 놀랐다. 왜

나는 교회를 크게 세웠고, 많은 선교사를 해외에 파송하였고, 장학사업을 하였고, 불우한 사람들을 돕고, 실의에 빠진 사람들에게 복음을 전했고, 선교사역을 많이 하였는데 내 방안에는 쓰레기 같은 지푸라기만 가득 차 있는가 하고 깊은 차원에서 묻게 되었다.

목사님께서 깨어나서 자신의 삶을 반성하셨다는 것이다. 모든 선교사역, 사회봉사, 장학사업, 선교사 파송을 위하여 교인들이 정성스럽게 헌금한 교회의 예산을 사용하였지, 목사님 자신의 사례비에서 그러한 소중한 선교활동비를 사용한 적이 별로 없었던 것을 깨달았다. 그래서 마침 후배 목사가 해외 선교사로 가는 데 필요한 선교비용을 교회의 통장에서 지출하려고 한 결정을 취소하고 목사님 자신의 통장에서 필요한 선교 비용을 충당하였다고 하셨다.

– 오영석 한신대 총장 전언

# 기도와 스물 여섯 명의 경호원
Twenty Six Guards

A missionary on Furlough told this true story while visiting his home church in Michigan.

"While serving at a small field hospital in Africa, every two weeks I traveled by bicycle through the jungle to a nearby city for supplies. This was a journey of two days and required camping overnight at the halfway point. On one of these journeys, I arrived in the city where I planned to collect money from a bank, purchase medicine and supplies, and then begin my two-day journey back to the field hospital. Upon arrival in the city, I observed two men fighting, one of whom had been seriously injured. I treated him for his injuries and at the same time talked to him about the Lord. I then traveled two days, camping overnight, and arrived home without incident.

Two weeks later I repeated my journey. Upon arriving in the city, I was approached by the young man I had treated. He told me that he had known I carried money and medicines. He said, 'Some friends and I followed you into the jungle, knowing you would camp overnight. We planned to kill you and take your money and drugs. But just as we were about to move into your camp, we saw that you were surrounded by 26 armed guards. At this, I laughed and said that I was certainly all alone in that jungle campsite. The young man pressed the point, however, and said, No, sir, I was not the only person to see the guards, my friends also saw them, and we all counted them. It was because of those guards that we were afraid and left you alone.'

At this point in the sermon, one of the men in the congregation jumped to his feet and interrupted the missionary and asked if he could tell him the exact day this happened. The missionary told the congregation the date, and the man who interrupted told him this story:

"On the night of your incident in Africa, it was morning here and I was preparing to go play golf. I was about to putt when I felt the urge to pray for you. In fact, the urging of the Lord was so strong, I called men in this church to meet with me here in the sanctuary to pray for you. Would all of those men who met with me on that day stand up?"

The men who had met together to pray that day stood up. The missionary wasn't concerned with who they were, he was too busy counting how many men he saw. There were 26.

This story is an incredible example of how the Spirit of the Lord moves in mysterious ways. If you ever hear such prodding, go along with it. Nothing is ever hurt by prayer except the gates of hell. If we all take it to heart, we can turn this world toward God once again. As the above true story clearly illustrates, "with God all things are possible," More importantly, how God hears and answers the prayers of the faithful.

# 미국의 신앙
"In God We Trust."

펜실바니아 주지사였고 필라델피아 조폐소의 사장이었던 제임스 폴락(James Pollock)이 미국의 동전 화폐에 "우리는 하나님을 신뢰한다"(In God We Trust.) 라는 문구를 넣었다. 그는 AMF(American Missionary Fellowship, 미국선교협회)의 부회장으로 1855-1890까지 봉사한 믿음의 사람이었다.

# 산타클로스의 기원

디오클레티아누스(Diocletianus)는 주후 284년부터 305년까지 로마 제국을 철권으로 통치했던 황제였다. 그는 군인 출신으로 황제가 되어 전체주의 법률을 시행하였다. 그는 교회를 완전히 없애 그의 과업을 완성하려고 하였다. 무서운 박해가 있었고, 수많은 그리스도인들이 죽임을 당하였다.

당시 지중해 연안에 있는 케일 지방에 니콜라스라는 감독이 있었다. 그는 체포되어 감옥에 감금되었다. 그는 처형을 기다리고 있었다. 그러나 황제는 퇴위 당하고 그를 이어 콘스탄틴(Constantine) 황제가 등극하였다. 그리고 누구든지 기독교를 믿을 수 있도록 허락하는 밀라노 칙령을 313년에 발표하였다. 니콜라스는 감옥에서 풀려 나왔다.

그는 주님의 복음에 감격하는 심정으로 고아들을 돌보며 가난한 사람들을 찾아가 위로하였다. 사회에서 천시 당하는 어부들 곁에 늘 있었고, 감옥에서 나온 죄수들의 친구가 되어 주었다.

해마다 12월 성탄절이 가까이 되면 큰 주머니에 선물을 넣어 사람들이 볼 수 없는 밤중에 병든 아이들, 가난한 아이들의 집 문 밖에 선물을 놓고 갔다. 처음에는 누가 이런 일을 하는지 아무도 알지 못했으나 이후에 그가 니콜라스임을 사람들은 알게 되었다. 예수 그리스도의 사랑을 일생을 통하여 실천한 그를 사람들은 성 니콜라스(Saint Nicholas)라고 부르기 시작하였다. 세인트(성) 니콜라스라는 말이 세월이 흐르는 동안 오늘날에는 산타크로스로 변형되었다.

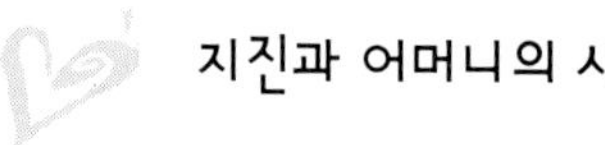# 지진과 어머니의 사랑

이 사건은 1988년 아르메니아(Armenia)의 지진 때 생긴 실제 이야기이다. 이 이야기는 수산나 페트로시안(Susanna Petrosyan)이 그녀의 딸 가이야니(Gaya-ney)와 함께 지진으로 8일동안 갇혀 있다가 구함을 받은 후 알려진 것이다.

1988년 12월 7일 지진이 나던 날 아침 11:30 수산나(Susanna)의 남편이 수산나와 그녀의 딸 가이야니를 카린(Karine)이라는 여자가 운영하는 옷가게에 데려다 주었다. 수산나의 남편은 신발을 만들어 파는 상인으로 남편은 수산나와 가이야니를 카린의 집에 남겨두고 자기의 가게로 돌아갔다. 수산나가 사려고 하는 옷을 입어본 후 그 옷을 벗자마자 11:41분경 아파트 5층이 흔들리기 시작했다. 그래서 문을 열고 나가려고 하자 9층으로 된 아파트 건물이 무너져 내리기 시작했다. 그들은 지하

층으로 떨어졌고 곧 나무 조각 등과 무너진 다른 것들로
갇히게 되었다. 그들 옆에 1.5 Pound되는 야생딸기 잼
이 담긴 병이 하나 옆에 굴러 떨어져 있었고 그 외에 먹
을 것이라곤 아무 것도 없었다.

카린(Karine)은 떨어질 때 입은 상처로 얼마 있다가
죽었고, 수산나(Susanna)와 가이야니(Gayaney)는 아
무런 상처를 입지 않았다. 그들은 몸을 약간 움직일 수
있었고 서로 손으로 상대방을 만질 수 있는 거리에 깔려
있었다. 시간이 지나자 가이야니가 갈증을 호소했다. 그
래서 어머니인 수산나는 옛날 "사람의 피가 약간의 갈증
을 해소한다"는 소리를 들은 기억이 있어 근처에서 날카
로운 것을 찾아 자신의 손가락을 상처내 가이야니가 갈
증을 호소할 때마다 자신의 손가락을 빨게했다.

그리고 수산나는 추운 날씨이기 때문에 자신이 입고
있는 치마를 벗고, 스타킹을 벗어 가이야니 밑에 깔아주
어 딸이 약간의 추위를 면할 수 있도록 했다.

수산나(Susanna)는 8일 동안 한 손가락 씩 상처를 내
고 또 상처 위에 상처를 내어 가이야니(Gayaney)가 갈

증을 호소할 때마다 그것을 빨게했다. 8일째 되던 날 그
들이 구조되었을 때 가이야니는 피가 아주 칙칙할 정도
로 수분이 부족했고 4일동안 응급환자실에서 보호를 받
았으며, 수산나도 피가 굳어진 상태여서 수분을 피 속에
넣어주고 관모양으로된 산소통을 수산나 위에 덮어 씌
워 땀구멍과 피부를 통해 몸에 산소가 공급되도록 조치
를 받았다. 응급처치를 끝낸 후에야 의사들은 수산나가
임신 2개월임을 발견하게 되었다.

– The Atlanta Constitution(1988.12.29.목)에
실린 것을 요약

어머니의 사랑과 희생

한국 동란 중 아주 추운 눈내리는 크리스마스 저녁이었다. 젊은 한국 여자에게 해산의 고통이 오기 시작했다. 이 젊은 여자는 강 건너 선교사의 집에 가면 도움을 얻을 수 있으리라 믿고 그 곳을 향해 눈이 쌓인 길을 달려가기 시작했다. 강을 건너는 다리까지 왔을 때 해산의 고통은 그 절정을 달했다. 이 여자는 더 이상 갈 수 없음을 깨닫고 다리 밑에 기어 들어가 교각 사이에서 건장한 남아를 출산했다. 가진 것이라고는 입고 있는 두터운 옷밖에 없었기 때문에 하나씩 하나씩 벗어서 핏덩어리 아들을 감싸주고 자기는 마침 옆에 버려진 삼베 포대가 있어서 그것을 덮고 지치고 피곤해서 그 아이 옆에 누었다. 그 다음날 아침 미국 선교사 부인이 차에 선물 상자를 싣고 다리를 건너가서 친구들에게 선물을 나누어 준 다음 집에 돌아가는 길이었다. 마침 다리 곁에 왔을 때 차가 멈추었다. 알아보니 휘발유가 다 떨어진 것이다.

차에서 내려 걸어오려고 하는데 다리 밑에서 어린애의 가냘픈 울음 소리가 들렸다. 선교사 부인이 내려가 본즉 갓난 아이는 아무것도 모르고 배가 고파 울고 있었고 그 옆에 젊고 아름다운 어머니는 거의 벗은 채 얼어서 죽어 있었다.

그 선교사는 아이를 안고 집에 돌아와서 그를 보살폈다. 그리고 그를 양아들로 삼았다. 아이는 무럭무럭 자랐고 똑똑한 소년이 되었다. 그는 선교사인 양모에게 가끔 자기의 생모에 대한 이야기를 묻곤 했다. 양모인 선교사는 자상하게 그의 생모의 사랑을 그 아들에게 설명해 주었다.

그가 12살 되던 해 크리스마스이었다. 그는 양모인 선교사에게 생모의 무덤에 같이 가주기를 원했다. 무덤에 이르렀을 때 그는 머리를 숙여 무덤 앞에서 기도하기 시작했다. 그리고는 흐느끼기 시작했다. 그런데 그는 갑자기 입고 있던 그의 옷을 벗어 무덤을 덮어준 다음 몸을 벗은 채 눈 속에서 떨면서 말한다. "어머님 제가 지금 추위를 느낀 만큼 추우셨던가요?" 그는 그의 어머니가 그렇게 추웠다는 것을 알았기 때문에 비통하게 울었다.

— R. Seamond의 Korean Madonna.

 ## 어머니의 희생적 사랑

2003년 12월 26에 이란 남동부 케르만 주의 유적도시 밤시에 지진이 강타했다. 그 지진으로 4만 명 이상이 희생되었다.

흙더미에 매몰된 사람이 생존할 수 있는 한계로 여겨지는 72시간이 지나가고 있었다. 매몰 주민들이 살아 있을 가능성이 점차 희박해짐에 따라 생존자 발굴작업 종료가 검토되던 12월 29일 동틀 무렵 이란 적신월사 구조대원들은 밤 시내 남쪽 건물 붕괴 현장에서 엄마 품에 안긴 여자 아기 나심을 발견했다.

어린 딸을 꼭 끌어안고 놓지 않은 엄마 덕분에 나심은 머리 위로 덮쳐오는 건물 잔해를 피한 것은 물론 밤이 되면 뚝 떨어지는 수은주 속에서도 사흘째 체온을 잃지 않고 살아남을 수 있었다. 온 몸으로 딸을 보호한 엄마는 안타깝게도 발견 하루 전쯤 숨진 것으로 추정됐다.

나심의 생존을 확인하고 구해내는 순간 구조대원들의

얼굴에는 환호와 눈물이 엇갈렸다.

나심은 비교적 큰 상처 없이 구조됐으며 현재 건강은 양호한 상태라고 구조팀은 전했다.

# 겸손, 겸손 또 겸손

정재왕 목사는 남웅기 목사(비로선교회)가 합신대학
원 출신이라는 말에 "아, 합신이라면 우리 총신보다 더
뛰어난 신학교 아닙니까?" 라고 인사를 건넸다.

- 바미준 제 681호(2001.6.17)

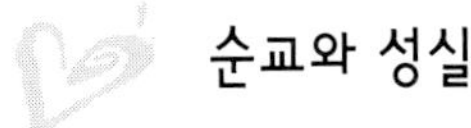# 순교와 성실

　체코의 수도 프라하에 종교 개혁의 아버지라 불리는 얀 후스(John Hus, 1369-1415)의 동상이 있다. 후스는 요한 위클립(John Wyclif)의 영향을 받아 성경을 그의 삶의 최고의 권위로 받아들였다. 그는 성경에 입각한 교회의 개혁을 외치다 로마 교황에게 화형을 당한 (1415년 7월 6일) 순교자이다.

　그 동상 아래 네 마디의 말이 새겨져 있다.

　　　1. 성실을 배웠다.

　　　2. 성실히 살았다.

　　　3. 성실을 사랑했다.

　　　4. 성실을 지켰다.

얀 후스의 삶은 성실로 점철되어 있었다. 생각하는 것도, 말하는 것도, 믿음도, 생활도, 인격도 모두 성실이었다.

 ## 은세공과 성도의 연단

"그가 은을 연단하여 깨끗케 하는 자 같이 앉아서 레위 자손을 깨끗게 하되 금, 은 같이 그들을 연단하리니 그들이 의로운 제물을 나 여호와께 드릴 것이라"(말 3:3).

꾀 오래 전 몇 사람이 모여서 성경을 공부했다. 그들이 말라기 3장을 읽는 가운데 3절에서 놀랄만한 표현에 주의를 기울였다. 그 말씀은 "그가 은을 연단하여 깨끗케 하는 자 같이 앉아서"였다. 한 부인이 은세공사를 방문하여 그가 이 주제에 대해 무슨 말을 하는지 알아 보고 성경공부 그룹에 보고하겠다고 제안했다. 그 부인은 은세공사에게 가서 자신이 온 목적을 이야기하지 않고 은을 정제하는 과정을 이야기해 달라고 요청했다. 은세공사가 그 부인에게 모든 것을 충분히 설명한 후에 그 부인이 "그러나 선생님, 당신은 은이 정제되는 모든 과정을 앉아서 기다리십니까"라고 물었다. "예, 그렇습니다, 부인" 이라고 은세공사가 대답했다. "나는 내 눈으로 화로를 지켜 보면서 계속 앉아 있어야 합니다. 왜냐하면 정제에 필요한 시간이 조금이라도 지나면 은은 상처를 입게 됩니다.

그 부인은 "그가 은을 연단하여 깨끗케 하는 자 같이 앉아서" 라는 표현의 아름다움과 위로를 즉시로 알게 되었다. 하나님은 그의 자녀들을 용광로에 넣어야 할 필요를 알고 계신다. 그의 눈은 순결하게 하는 작업을 계속적으로 주시하시며 그의 지혜와 사랑은 가장 좋은 방법으로 우리를 위해 작용하신다. 우리의 시련들은 우연히 오지 않고 하나님은 우리가 견딜 수 없는 것을 시험받도록 허락하시지 않는다.

그 부인은 은세공사와 작별하기 전 마지막 한 질문을 했다. "언제 당신은 은 정제의 과정이 완성된 것을 아십니까?" 그 은세공사는 "왜요, 그것은 아주 간단합니다" 라고 대답했다. "내가 은에서 내 자신의 형상을 볼 수 있을 때 정제의 과정이 마치게 됩니다." 하나님은 우리 안

에서 그의 형상을 볼 수 있을 때까지 우리를 용광로 속
에 넣어 정제시키고 계신다.

* The Refiner

"And He shall sit as a refiner and purifier of
silver." - Malachi 3:3

Some time ago, a few people met to study the
scriptures. While reading the third chapter of
Malachi, they came upon a remarkable
expression in the third verse: "And He shall sit
as a refiner and purifier of silver"(Malachi 3:3).
One lady proposed to visit a silversmith and
report to them on what he said about the subject.
She went accor- dingly, and without telling the
object of her errand, begged the silversmith to
tell her about the process of refining silver. After
he had fully described it to her, she asked, "But,
Sir, do you sit while the work of refining is going
on?" "Oh, yes, madam," replied the silversmith. "I
must sit with my eyes steadily fixed on the
furnace, for if the time necessary for refining be
exceeded in the slightest degree, the silver will be
injured."

The lady at once saw the beauty, and com -
fort, too, of the expression, "And He shall sit as a
refiner and purifier of silver." God sees it needful
to put His children into a furnace; His eye is
steadily intent on the work of purifying, and His
wisdom and love are both engaged in the best
manner for us. Our trials do not come at random,
and He will not let us be tested beyond what we
can endure.

Before she left, the lady asked one final
question, "When do you know the process is
complete?" "Why, that is quite simple ," replied
the silversmith. "When I can see my own image
in the silver, the refining process is finished."

 ## 어느 목사님의 유언

　다음의 글은 암으로 4개월의 시한부 삶을 살다 2000년 10월에 돌아가신 김○○목사님의 장례절차에 대한 유언입니다.

　2개월 전에 자신의 장례에 관한 내용을 구술한 것입니다. "입관 후에는 장의사가 관을 덮는데, 관보로 관을 덮는다. 이 보에는 보통 죽은 사람의 이름을 쓰지. 그래서 "○○○지구"(之柩)라고 쓴 보를 관 위에 덮는다. 내 관에는 그렇게 하지 말고, 흰 무명에 붉은 색으로 십자가지도(十字架之道)라 쓴 천을 덮어다오. 장지에 가서 하관을 한 후에는 그 천을 벗겨서 내 몸에 덮어라. 그 위에 흙을 채우면 된다. 관 안에는 아무것도 넣지 마라. 시신을 관에 넣고, "십자가지도"로 시신을 덮은 뒤 고운 흙으로 관을 꽉 채워라. 흙 외에는 아무것도 넣지 마라. 묘비에는 목사라는 칭호를 쓰지 마라. 그냥 "김○○"이라고 이름만 써라.

묘비에는 성서 구절을 하나 새겨다오. 마태복음 6장 10절의 (당신의 나라가 임하옵시며)이 좋겠다. 내 평생 하나님의 나라가 임하기를 바라며 살았으니…

너희들은 일절 상복을 입지 마라. 그냥 평상복을 입도록 해라. 깨끗한 정장 차림이면 된다. 유족의 표시를 위해 꼭 필요하면 넥타이 정도는 공동으로 준비해도 괜찮겠지. 그러나 검은색으로는 하지는 마라. 기독교인들은 죽음을 삶 속에서 그냥 자연스럽게 맞이하는 것이야. 인간적으로 슬프겠지만 터져 나오듯이 울거나 곡을 하지 마라. 믿음도 소망도 없이 모든 것이 끝난 사람처럼 행동해서는 안 된다. 부조는 받지 않도록 해라. 가족들에게 다소 경제적인 부담을 주는 것인지 모르겠구나. 나는 목사로서 평생 사람들에게 사랑을 받으며 살았다. 사람들이 번거롭게 장례에 참석하는 것만도 미안한 데, 부조까지 받아 부담을 주고 싶지 않구나.

마지막으로 장례예배에 대해 말하니 잘 기억해 두어라. 장례예배에 모든 절차는 하○○목사에게 맡긴다. 이 사람 저 사람이 와서 형식적으로 순서를 하나씩 맡은 것이 뭐가 좋겠니? 한국교회가 총회장을 지역 안배로 매년 돌아가면서 뽑더니, 요즈음 매사에 구색 맞추기에만 신경을 쓰는구나. 무슨 행사는 예배를 드리면, 거기에 필요한 분을 초청하는 것이 아니라 "직책"에 따라 순서를 맡기지. 설교나 기도도 노회장, 부노회장, 서기, 이런 식으로 맡아서 한다. 내가 ○○노회의 노회장을 지냈으니, 내 장례도 노회에서 주관해 줄 것이다. 그렇지만 노회에서 내 장례를 형식적으로 맡아하는 것을 원하지 않는다. 하○○목사가 사회와 기도 등 모든 순서를 맡도록 해라. 설교는 내가 준비한 것을 읽으면 되겠지. 하○○목사에게 연락해서, 미리 준비해 설교 좀 힘있게 하라고 해라. 처음 보는 원고 읽듯이 더듬 더듬하지 않도록 말이다(웃음). 장례예배 때 죽은 자를 위한 일체의 조사나 약력 소개를 하지 마라. 매우 단순하고 은혜 넘치는 예배 외에는 어떠한 것도 추가하지 않도록 해라.

나는 하나님 앞에서 항상 부족하고 부끄러운 삶을 살았어. 철저하게 죄인으로 살다가 간다. 하나님 앞이나 사람들 앞에 내세울 것이 아무것도 없다. 언제 태어나서 무슨 공부를 했고 어떤 직함을 가졌고 이런 것들을 너절하게 늘어놓아서는 안된다. 이런 것이 싫어서 묘비에 "목사" 칭호도 뺐다. 내가 무슨 내세울 것이 있느냐? 내 시신을 앞에 두고 추모사를 읽고 약력을 나열하여 무슨 대단한 일을 한 것처럼 말한다면 하나님과 사람들 앞에 나를 부끄럽게 만드는 것이다."

사단으로부터 온 편지

A letter from satan

I saw you yesterday as you began your daily chores. You awoke without kneeling to pray. As a matter of fact, you didn't even bless your meals, or pray before going to bed last night. You are so unthankful, I like that about you.

I cannot tell you how glad I am that you have not changed your way of living. Fool, you are mine. Remember, you and I have been going steady for years, and I still don't love you yet. As a matter of fact, I hate you, because I hate God. I am only using you to get even with God. He kicked me out of heaven, and I'm going to use you as long as possible to pay Him back.

You see, Fool, GOD LOVES YOU and He has great plans in store for you. But you have yielded your life to me and I'm going to make your life a living hell. That way we'll be together twice.

This will really hurt God. Thanks to you. I'm really showing Him who's boss in your life. With all of the good times we've had...

We have been watching dirty movies, cursing

people, out partying, stealing, lying, being hypocritical, indulging in fornication, overeating, telling dirty jokes, gossiping, backstabbing people, disrespecting adults and those in leadership position, no respect for the church, bad attitudes: SURELY you don't want to give all this up.

Come on, Fool, let's burn together forever. I've got some hot plans for us. This is just a letter of appreciation from me to you. I'd like to say "THANKS" for letting me use you for most of your foolish life.

You are so gullible. I laugh at you. When you are tempted to sin, you give in HA HA HA, and you make me sick. Sin is beginning to take its toll on your life. You look 20 years older. I need new blood. So go ahead and teach some children how to sin. All you have to do is smoke, drink alcoholic beverages, cheat, gamble, gossip, fornicate, and listen to and dance to the top 10 jams. Do all of this in the presence of children and they will do it too.

Well, Fool, I have to let you go for now. I'll be back in a couple of seconds to tempt you again. If you were smart, you would run somewhere, confess your sins, live for God with what little bit of life that you have left. It's not my nature to warn anyone, but to be your age and still sinning, it's becoming a bit ridiculous. Don't get me wrong, I still hate you...

IT'S JUST THAT YOU'D MAKE A BETTER FOOL FOR CHRIST.

P. S. - And if you really love me, you won't share this letter with anyone.

부모의 마음을 시원하게 하는 방법
His very special day

It was Grandfather's birthday. He was 79. He got up early, shaved, showered, combed his hair and put on his Sunday best so he would look nice when they came.

He skipped his daily walk to the town cafe where he had coffee with his cronies. He wanted to be home when they came.

He put his porch chair on the sidewalk so he could get a better view of the street when they drove up to help celebrate his birthday.

At noon he got tired but decided to forgo his nap so he could be there when they came. Most of the rest of the afternoon he spent near the telephone so he could answer it when they called.

He has five married children, 13 grand-children and three great-grandchildren. One son and a daughter live within 10 miles of his place. They hadn't visited him for a long time. But today was his birthday and they were sure to come.

At suppertime he left the cake untouched

so they could cut it and have dessert with him.

After supper he sat on the porch waiting.

At 8:30 he went to his room to prepare for bed. Before retiring he left a note on the door which read, "Be sure to wake me up when they come."

It was Grandfather's birthday. He was 79.

 # 황희 정승의 도량

조선 시대 초기의 훌륭한 재상인 황희 정승이 있었다. 어느 여름날, 정승 댁 마당 안에 서 있는 복숭아나무에 복숭아가 붉으스레 잘 익어 있었다. 이를 본 동네 개구쟁이들이 그걸 가만 둘리가 없었다.

황희 정승이 조용히 독서하고 있으면 집안에 아무도 없는 줄 알고 개구쟁이 아이들이 들어와서는 복숭아를 마구 따는 것이었다. 이 광경을 문틈으로 내다 본 황희 정승은 "죄다 따 가지는 마라. 나도 맛보고 싶단다." 라고 조용히 타이른다. 그런데 잠시 후 밖이 조용해 지자 황희 정승이 나와 보니 나무에는 열매가 한 개도 남아 있지 않았다. 그래도 황희 정승은 아이들을 꾸짖지 않았고, 더욱 자주 놀러 오라 했다고 한다. 황희 정승은 학문도 깊었지만 도량이 넓기로도 유명한 분이다.

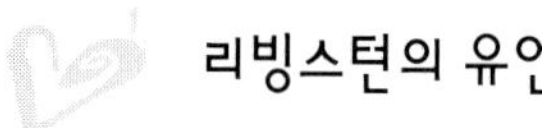

리빙스턴의 유언

내 삶에서 첨가할 수 있는 모든 것은 하늘의 풍요한
축복이 이 세상의 공개된 상처의 치유를 돕는 미국인,
영국인, 터키인 모든 사람들에게 임하는 것이다.

– 런던 웨스트민스터 사원에 있는
리빙스턴의 묘비문

* 리빙스턴(David Livingstone)의 유언
  (1813. 3. 19-1873. 5. 1)

"All I can add in my solitude, is, may hea -
ven's rich blessing come down on every one,
American, English, or Turk, who will help to heal
this open sore of the world."

 ## 설교에 대한 반응

　2004년 5월 30(주일)일에 박형용 목사가 한누리 전원 교회에서 히브리서 12:1-3을 본문으로 "믿음의 경주"에 대해 설교했다. 설교 도중 박 목사는 목사도 가끔씩 거짓말하고 싶은 유혹을 받는다고 예를 들어 설명했다.

　그 예는 김 집사가 목사에게 전화 걸어 다음 주일 교회의 행사를 위해 이 집사님에게 무엇을 좀 준비해 달라고 전해 주십사고 부탁했다. 그런데 목사는 바쁜 일정에 깜박잊고 금요일까지 부탁을 하지 못한 상태였다. 그런데 김 집사가 목사에게 다시 전화하여 이 집사에게 부탁했느냐고 물을 때 목사는 거짓말할 유혹을 받는다고 설명했다.

　목사가 체면 때문에, 위신 때문에, "전했다"고 답하고 전화 끊고 이 집사에게 전화하면 김 집사도 모르고, 이 집사도 모른다. 그러나 하나님과 자기 자신은 알고 있다. 그래서 마음이 깨끗하지 못하고 목사가 김 집사나

이 집사 만날 때마다 그 생각이 떠오른다고 설명을 했는데 김용옥 장로님께서 예배 후에 하는 말씀이 "옛날 예배당 공사 할 때 공사 초기 였는데 상대방이 듣기 좋게 하려고 약 80% 정도 이루었다고 대답했는데 그렇게 말한 사실이 마음에 가책으로 떠올라 회개했다"고 하셨다.

– 김용옥 장로 증언

# '엉덩이 뒤로' '빙 둘러'
출산마(出産馬)지키는 얼룩말 떼

아프리카 초원에서 가장 눈에 띄게 또한 가장 멋있게 달리는 무리가 있는데 바로 얼룩말 떼다. 얼룩말들은 이름 그대로 무늬가 얼룩얼룩해서 멀리서도 눈에 잘 띈다. 그래서 아프리카 원주민들은 이들을 '빛나는 말'이라고도 한다.

그런데 얼룩말 암컷이 새끼를 출산 할 때면 풀밭에 드러눕는다. 그리고 몇 분에서 몇 십분 동안 출산의 고통을 겪는다. 이처럼 바닥에 누워 새끼를 낳을 동안 얼룩말 어미는 무방비상태다. 그래서 맹수가 공격해오면 꼼짝없이 당할 수밖에 없다.

그러나 얼룩말 떼는 생명의 소중함을 본능적으로 아는지 출산 중인 얼룩말을 360도 빙 둘러싸고 보호를 한다. 즉 얼룩말들은 머리를 산모 얼룩말 쪽으로 하고 히프를 바깥쪽으로 둔다. 따라서 밖에서 보면 얼룩말 엉덩

이들 밖에 보이지 않는다. 이 장면은 마치 긴밀하게 머리를 맞대고 중대 회의를 하는 모습이다.

이처럼 얼룩말 떼의 원형 대열이 갖춰지면 사자나 호랑이 등은 꼬리를 내리고 주변을 떠난다. 만약 빙 둘러싼 얼룩말 떼 곁으로 다가가면 결사적인 얼룩말들의 뒷발차기에 뼈가 부러지거나 배가 터지는 치명상을 입을 수 있기 때문이다.

마침내 얼룩말 어미 배속에서 나온 새끼는 금세 눈을 뜨고 다리를 펴서 움직이기 시작한다. 그리고 바로 얼룩말 떼 무리에 합류해 이동을 시작한다. 만약 이렇게 움직이지 않으면 사자밥이 될 수도 있기 때문에 본능적으로 태어나자마자 뛰도록 조물주가 계획한 것이다.

– 서현교

## 2부

행복의 샘

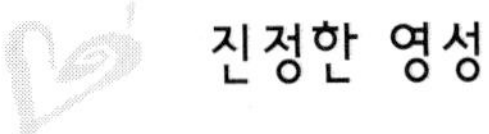# 진정한 영성

　우리가 육체적으로나 감정적으로 건강하지 않으면 우리는 항상 감격을 원한다. 육체의 경우 감격을 원하게 되면 성령을 가짜로 만들게 되며, 감정적인 삶의 경우 감격을 원하게 되면 부적절한 애정에 빠져 도덕성을 파괴하게 되며, 영적인 경우 감격을 원하고, 날개를 달고 날아 오르기를 원하면, 결국 영성을 파괴하는 결과를 맛보게 된다.

　육체적으로 건강한 사람은 감격이 없어도 일상을 잘 처리하며 살아가는 사람이요, 감정적으로 건강한 사람은 모든 사람과 좋은 관계를 가지면서 일상을 사는 사람이요, 영적으로 건강한 사람은 매일 매일 주님과 교제하며 주님을 주인으로 모시고 사는 사람이다.

* Healthy Man

When we are in any unhealthy state physically or emotionally, we always want thrills.

In the physical domain this will lead to counterfeiting the Holy Ghost; in the emotional life it leads to inordinate affection and the destruction of morality; and in the spiritual domain if we insist on getting thrills, on mounting up with wings, it will end in the destruction of spirituality.

순종이 우리의 삶의 목적이다

우리는 하나님께서 우리가 소망하는 목적을 이루도록 우리를 인도하신다고 생각한다. 그러나 하나님은 그렇게 하시지 않는다. 우리가 "과정"이라고 부르는 것을 하나님은 목적이라고 부르신다. 그의 목적은 바로 현재에 있지 미래에 어떤 것을 위해 있지 않다. 우리는 순종한 이후에 할 것이 아무것도 없다. 우리가 순종이 바로 목적이라는 사실을 인식하면 매 순간 순간의 순종이 귀중할 뿐이다.

그래서 하나님의 목적에 대한 우리들의 소망은 현재 하나님과 그의 능력에 의지하는 것이다. 우리가 고통과 소용돌이 속에서 침착을 잃지 않고 당황하지 않는다면 그것이 하나님의 우리를 향한 목적의 끝이다. 예수님께서 물위로 걸어오시는 것을 볼 때 우리는 그가 물위로 걸어오시는 것을 보지 그와 함께 물가에 안전하게 도달

되는 것을 보지 않는다. 우리가 예수님께서 물위로 걸어
오시는 것을 볼 때 우리는 파도를 제치고 걸어오시는 예
수님을 보는 것이지, 예수님과 함께 물가에 상륙하여 군
중들의 환영을 보는 것이 아니다.

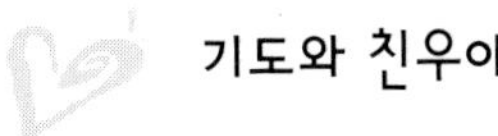 ## 기도와 친우애

장덕진 집사님이 병환으로 입원하셨다. 그런데 서로 가까운 친구이신 하신기 안수 집사(기우회 회장), 강정호 안수 집사(조위부장), 장충원 안수 집사 세분이 병문안을 갔다(한신기 집사는 2003. 6. 29일 장로로 피택되었다). 어찌된 셈인지 세분이 병문안을 갔다가 기도도 하지 않고 병실을 나왔다.

병원 주차장에서 장충원 집사님이 "안수 집사들이 병문안 와서 기도도 하지 않고 그냥 간다는 것은 말이 되지 않는다. 다시 들어가서 기도하고 나오자"고 제안했다. 다른 집사님들은 "한 번 나왔는데 어떻게 또 들어 가느냐"고 반대했다. 그래서 차를 몰고 주차장을 빠져 나오는데 장충원 집사가 운전하는 집사님의 목을 잡고 기도하고 가야 한다고 승강이를 벌렸다. 세분 집사님이 누가 기도해야 하느냐에 대해 서로 논쟁을 벌렸다. 하집사

님이 강정호 집사가 기도해야 한다고 하자 강집사님은
요즘 내가 조위위원이어서 기도만 시작하면 "고 장덕진
집사" 등 조의에 관한 말만 나오기 때문에 할 수 없다고
해서 결국 하신기 집사가 기도하는 것으로 생각하고 세
분 집사님들이 거의 30분이 지난 후 다시 장덕진 집사
님의 병실을 찾았다.

장덕진 집사님이 놀라 어찌된 일이냐고 묻자 세분 집
사님이 기도도 하지 않고 가는 것이 좀 그래서 다시 왔
다고 말했다. 그리고 하신기 집사님이 "기도합시다"하
고 눈을 감았는데 아무도 기도를 시작하지 않고 한참을
지나 서로 어리둥절하게 되었다. 그러다가 갑자기 하집
사님이 "장충원 집사가 기도하겠습니다"라고 말했다.
할 수 없이 장충원 집사는 중언부언 무슨 말을 했는지
알 수 없을 정도로 기도를 마쳤다. 세분 집사님이 병실
을 빠져 나와 다시 서로간 "그럴 수 있느냐"며 한 바탕
했다. 이렇게 해서 세분 집사님들의 병문안은 끝을 맺었
다.

—박영선 목사 증언,
서울 인터콘티넨탈호텔 에머랄드 중식집에서
2003.7.22(화)

구속의 능력

내가 복음을 선포할 때 나를 자랑스럽게 만드는 무엇이 있다면 그것은 나를 주님의 배신자로 만들게 된다. 왜냐하면 나는 그의 구속의 창조적 능력이 사역하는 것을 방해하고 있기 때문이다.

잘 한 건 즉석에서 칭찬

칭찬 잘 하는 법

① 나를 위해 칭찬하라. "칭찬하면 실적도 좋고

　　나도 스트레스를 덜 받는다"고 생각한다.

② 구체적으로 칭찬하라. "보고서 잘 만들었어"보다

　　"경비 보고서 3장이 아주 좋았어"라고 말한다.

③ 나무랄 때도 먼저 칭찬하라. "보고서 이게

　　뭐야"보다 "괜찮은데 2장이 미흡해"라고 한다.

④ 잘 하면 즉석에서 칭찬하고 못하면

　　따로 만나서 야단쳐라.

⑤ 상대의 눈을 보면서 칭찬이 진심이라는 사실을

　　전달하라.

⑥ 지난번보다 결과가 좋아졌으면 그 점을

　　특히 칭찬하라.

⑦ 외모에 대한 칭찬은 하지 마라.

　　듣는 사람에 따라 모욕으로 여길 수도 있다.

– 인제대 백병원 신경정신과 우종민 교수

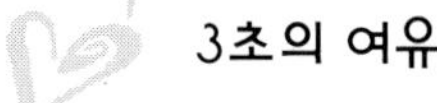# 3초의 여유

◆ 엘리베이터를 탔을 때 닫기를 누르기 전
　　3초만 기다리자.
■ 정말 누군가 급하게 오고 있을지도 모른다.

◆ 출발신호가 떨어져 앞차가 서 있어도
　　클랙슨을 누르지 말고 3초만 기다려 주자.
■ 그 사람은 인생의 중요한 기로에서
　　갈등하고 있는지 모른다.

◆ 내 차 앞으로 끼어 드는 차가 있으면 3초만
　　서서 기다리자.
■ 그 사람 아내가 정말 아플지도 모른다.

◆ 친구와 헤어질 때 그의 뒷모습을 3초만
　　보고 있어주자.

■ 혹시 그가 가다가 뒤돌아보았을 때
　　　웃어 줄 수 있도록.

◆ 길을 가다가 알림 뉴스에서 불행을 맞은 사람을 보면
　　　잠시 눈을 감고 3초만 그들을 위해 기도하자.
■ 언젠가는 그들이 나를 위해 기꺼이 그리할 것이다.

◆ 정말 화가 나서 참을 수 없는 때라도 3초만
　　　고개를 들어 하늘을 보자.
■ 내가 화낼 일이 보잘것 없는일이 아닌지 생각해보자.

◆ 차창으로 고개를 내밀다가 한 아이와
　　　눈이 마주쳤을 때 3초만 그 아이에게
　　　손을 흔들어주자.
■ 아이가 크면 분명 내 아이에게도 그리할 것이다.

◆ 죄 짓고 감옥 가는 사람을 볼 때 욕하기 전에 3초만
　　　생각하자.
■ 내가 그 사람의 환경이었다면 어떻게 되었을까?

◆ 아이가 잘못을 저질러 울상을 하고 있을 때 3초만
　　말없이 웃어 주자.
■ 잘못을 뉘우치며 내 품으로 달려올지도 모른다.

◆ 아내가 화가 나서 소나기처럼 퍼부어도 3초만
　　미소짓고 들어주자.
■ 저녁상엔 넉넉한 웃음과 색다른 반찬이 올라올지
　　모른다.

　순식간에 지나가는 3초만 여유를 가져도 우리의 생각
이나 삶은 참 많이 달라질 수 있다는 가능성을 보게 된
다. 사실 3초의 여유를 갖다보면 어느새 3분, 30분, 3시
간, 3일, 3달, 3년, 그러나 어느새 평생의 여유로 이어지
게 되지 않을까? 아주 사소해 보이는 '3초의 여유,' 거
기에서부터 우리 삶의 진정한 여유를 회복하는 일이 시
작되었으면 좋겠다.

- 기독교사상제공

# 우리 학교에는 있다

　　KBS의 "안녕하십니까. 김종찬입니다"라는 프로그램에 저명한 사람에게 오늘의 화두를 묻는 시간이 있다. 그런데 2000년 3월17일(금)에 김종찬씨는 서강대학교 사회학과 김용수 교수를 초청했다. 김용수 교수는 오늘의 화두로 "학교에는 없다"를 잡았다. 이 화두는 "도"자가 강조된 "학교에도 없다"이다. 즉 학교에는 반드시 있어야 할 것인데 오늘날은 학교에도 없다는 것이다. 김용수 교수는 오늘날 학교에도 없는 것이 "선생님에 대한 존경심"이라고 설명했다. 우리는 이곳 저곳에서 학생이 선생님을 고발하고, 학부모가 선생님을 고발했다는 소식을 접한다. 선생님의 권위는 땅에 떨어졌고 교육은 엉망이 되었다. 그래서 양식있는 사람들은 한국의 교육이 위험 수위를 넘어 위기에 처해 있다고 입을 모아 말한다. 학생들이 선생님을 신뢰하지 않고 학부모들이 선생님을 신뢰하지 않으니 어떻게 질 높은 교육이 이루어질 수 있겠는가? 어떻게 인격 교육이 이루어질 수 있겠는

가? 이러한 상황을 개탄하면서 김용수 교수는 오늘의 화두로 "학교에도 없다"를 잡았다.

그러나 우리 학교에는 "선생님에 대한 존경심"이 있다고 감히 말하고 싶다. 우리 학생들은 선생님을 만날 때 어디에서나 언제나 하루에도 몇 번씩 깎듯이 인사를 하곤 한다. 아침에 만났을 때 인사했는데 한시간 후에 다시 만나면 또 인사를 한다. 그리고 우리 학생들은 교수가 강의 시간에 들어가면 모두 자리에서 일어나 교수를 맞이한다. 그렇게 하는 것은 교수에 대한 존경심의 표현이다. 이런 관습은 우리 학교의 전통으로 내려오고 있다. 이와 같은 전통이 하루아침에 형성된 것은 아니다. 학생들은 교수들이 그들을 사랑하고 그들의 교육을 위해 최선을 다하고 있다는 것을 잘 알고 있다. 그래서 학생들의 마음 속에 "교수에 대한 존경심"이 자연적으로 싹이 트고 자리를 잡고 그리고 이런 저런 방법으로 표출된다고 생각된다. 김용수 교수의 화두가 한국 교육의 전반에는 사실이지만 수원 원천동 한 구석에 자리 잡고 있는 합동신학대학원에는 그대로 적용되지 않는다. 그래서 김용수 교수의 화두를 수원 원천동에서만은 "우리 학교에는 있다"라고 변경하고 싶다.

순종

만약 우리 주님이 순종을 강요하셨다면, 그는 공사장의 감독이 되셨을 것이다. 그리고 그는 그의 권위를 상실했을 것이다. 우리 주님은 결코 순종을 강요하시지 않았다. 그러나 우리가 그를 볼 때, 우리는 즉시 그에게 순종하고, 그가 주님이 되시며, 그리고 아침부터 저녁까지 그를 찬송하면서 살게 된다. 은혜 안에서의 나의 성장은 내가 순종을 바라보는 방법에서 나타난다. 우리는 진흙탕에서 순종이란 단어를 구출해 내야 한다.

순종은 동등한 사람 사이에서만 가능하다. 순종은 아버지와 아들의 관계이지 주인과 종의 관계가 아니다. "그가 아들이시라도 받으신 고난으로 순종함을 배웠다"(히 5:8). 아들의 순종은 구속주로서의 순종이었다. 왜냐하면 그는 아들이었고, 아들이 되기 위해 순종한 것이 아니었기 때문이다.

* Obedience

If our Lord insisted upon obedience He would become a taskmaster, and He would cease to have any authority. He never insists on obedience, but when we do see Him we obey Him instantly, He is easily Lord, and we live in adoration of Him from morning till night. The revelation of my growth in grace is the way in which I look upon obedience. We have to rescue the word "obedience" from the mire.

Obedience is only possible between equals; it is the relationship between father and son, not between master and servant. "Though He were a Son, yet learned He obedience by the things which He suffered." The Son's obedience was as Redeemer, because He was Son, not in order to be Son.

# 결혼에 얽힌 신화

1. 행복하기 위해 결혼한다.

 행복하기 위해서 결혼하는 것이 아니라 배우자를 행복하게 해주기 위해서 결혼했다는 자세를 지녀야 행복한 결혼생활을 할 수 있다.

2. 결혼 생활이 고독으로부터 구해줄 것이다.

 고독으로부터 완전히 구해주는 근본적인 힘은 하나님과의 관계를 통한 신앙에 있다.

3. 연애시절처럼 원할한 대화가 이루어질 것이다.

 결혼한 부부가 느끼는 가장 큰 불만은 두 가지이다. 아내들은 남편이 자기 이야기를 들어주지 않는다는 것이고 남편들은 아내가 집에서 쉴 시간을 주지 않는다는 것이다.

4. 절대로 부부싸움은 하지 않을 것이다.

 부부싸움은 갈등 해결의 한 방법이기도 하며 의사소통 수단이 되기도 한다. 부부싸움의 원인은 서로의 이기심, 배우자에 대한 관심 부족, 의사소통의 어려움, 성격 차이, 연약한 사람의 약점, 배우자의 부정 등이다. 부부싸움 후 가장 중요한 것은 용서하고 솔직한 대화를 통해 분노를 해소하면 부부는 더 뜨겁게 사랑하게 된다.

– 국민일보 이지현 기자

인내와 성품

"인내는 행동하는 믿음이다. 인내는 감정의 부지런함이다. 인내는 다른 사람이 자라게 할 수 있도록 마음 속으로 기꺼이 고난 당하는 것이다. 인내는 사랑을 드러낸다. 인내는 이해를 낳는다."

"Patience is faith in action. Patience is emotional diligence. It's the willingness to suffer inside so that others can grow. It reveals love. It gives birth to understanding."

– Stephen R. Covey, The 7 Habits of Highly Effective Families, p.23.

 ## 내가 가진 모든 것

"그리스도가 당신이 가진 모든 것이 될 때까지는 그리스
도가 당신이 필요한 모든 것이라는 것을 결코 알 수 없
을 것이다."

"You will never know that Christ is all you
need until Christ is all you have."
— Mother Teresa

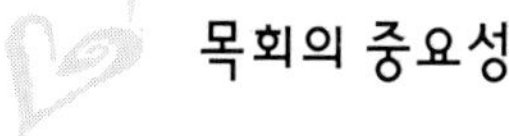 목회의 중요성

목회하지 않고 지낼 수 없다면, 목회의 길을 걸어야 한다.

"A man should only enter the Christian ministry if he cannot stay out of it."

- Dr. Martyn Lloyd-Jones

제발 전화해 주세요.

P : 평안의 마음을 위해 전화하세요.

L : 그대의 안부를 알기 원하는 갈망을 위해 전화하세요.

E : 그대의 "여보세요"라는 말을 듣기 원하는 열망을
　　위해 전화하세요.

A : 전화소리를 대망 하는 마음을 위해 전화하세요.

S : 그대의 친절한 음성을 듣기 원하는 마음을 위해
　　전화하세요.

E : 매 번 대화할 수 있는 즐거움을 위해 전화하세요.

* * *

C : 새로운 일이 있는지 알기 원하는 기회를 만들기
　　위해 전화하세요.

A : 살아 있다는 것을 서로 확인할 수 있도록
　　전화하세요.

L : 서로 간의 긴 거리를 짧게 할 수 있도록 전화하세요.

L : 직접 "사랑해"라고 말할 수 있도록 전화하세요.

* PLEASE CALL

P : for the PEACE of mind it brings.
L : for the LONGING to know that
    you're all right.
E : for the EAGERNESS to hear your "hello."
A : for the ANTICIPATION felt when
    the phone rings.
S : for the SOUND of your familiar voice.
E : for EACH and EVERY time we get to chat.

* * *

C : for the CHANCE to find out what's new
    with you.
A : for keeping our staying in touch ALIVE.
L : for shortening the LONG distance
    between us.
L : for being able to say directly, we Love you.
    A Mother in Chippewa
    Falls, Wisconsin.

 ## 지금이 바로 그때이다

"나를 사랑할 것이라면,

지금 사랑해 다오,

참 사랑으로부터 흘러나오는

달콤하고 부드러운 느낌을

내가 알 수 있을 때

내가 살아 있는 동안 지금 사랑해 다오.

내가 떠날 때까지 기다렸다가

차디찬 대리석에 달콤한 말을 새기지 말거라.

네가 나에 대해 애정을 갖고 있다면

지금 이야기해 다오.

내가 다시는 깨어나지 못할 잠을

잘 때까지 기다리면,

우리 사이에는 죽음이 가로놓이고

그 때에는 나는 너의 말을 듣지 못할 것이다.

그러니 네가 나를 조금이라도 사랑한다면

내가 살아 있는 동안 그것을 알게 해다고
그래서 내가 그것을 알고 또 그것을 보물처럼
간직하도록"

* The Time Is Now.

"If you are ever going to love me,
Love me now, while I can know,
The sweet and tender feelings
Which from true affections flow.
Love me now while I am living.
Do not wait until I'm gone
And then have it chiseled in marble,
Sweet words on ice-cold stone.
If you have tender thoughts of me
Please tell now.
If you wait until I am sleeping,
Never to awaken
There will be death between us
And I won't hear you then.
So if you love me, even a little bit,
Let me know it while I am living
So I can know and treasure it."

 ## 성경적 자녀 교육

만약 우리가 열심과 끈기로 이 일을 실행하지 않는다면 우리는 부모로서 해야 할 일을 다 하지 못한 것이다. 우리가 이 일을 행한다면, 우리는 우리가 할 수 있는 가장 중요한 일을 우리 자녀들을 위해 한 것이다.

1. 네 자녀들에게 근면의 가치와 열심히 일하고
   최선으로 일하는 유능한 사역을
   할 수 있도록 가르치라.
2. 네 자녀들에게 돈을 바로 쓰도록 가르치라.
3. 네 자녀들에게 그들이 어떤 상태에 처해 있을지라도
   다른 사람들의 형편 여하를 막론하고
   그들을 존경심을 가지고 대할 것을 가르치라.
4. 네 자녀들에게 정중한 태도를 갖도록 가르치라.
5. 네 자녀들에게 모임의 형편에 따라 적절한 옷을
   입도록 가르치라.

6. 네 자녀들에게 영어(한국말)를 읽고, 말하고,
그리고 쓸 수 있도록 가르치라.

* Resolve to teach your Children

If we don't attempt this with diligence and persistence, we have failed as parents. If we do this, we have done for our children the most important thing we can do.

1. Resolve to teach your children the value of diligent, competent work-of working hard and doing your best.
2. Resolve to teach your children the right use of money.
3. Resolve to teach your children, whatever their station in life, to treat all others, whatever their stations in life, with respect.
4. Resolve to teach your children proper manners.
5. Resolve to teach your children proper dress for different occasions.
6. Resolve to teach your children to read, speak, and write the English language.

— by William H. Sm

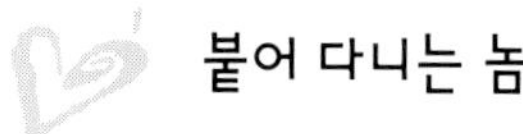 ## 붙어 다니는 놈

"뛰는 놈 위에 나는 놈있고, 나는 놈 위에 붙어 다니는 놈이 있다. 성도들은 예수님에게 붙어 다니는 사람들이다. 그래서 예수님이 의인이기 때문에 성도들도 의인이다."

"성도들이 지옥 갈 수 있는 유일한 방법은 부활 승천하신 예수님이 타락 할 때 가능하다."

– 송파제일교회 부흥사경회
(2004.2.8)주일 저녁 박영덕 목사

 ## 그는 부활하셨다

　부활은 우리들의 믿음을 지탱하는 아치(arch)의 머릿
돌이다. 만약 그리스도가 부활하시지 않았다면, 우리는
그리스도를 전하는 모든 증인들을 거짓말쟁이로 탄핵해
야 한다. 만약 그리스도가 부활하시지 않았다면, 우리들
은 그리스도의 십자가의 죽음이 예수님 옆에 매달려 죽
은 두 강도의 죽음과 다르다는 증거를 말할 수가 없다.
만약 그리스도가 부활하시지 않았다면, 예수님의 대속
적 죽음이 인정되었다는 것을 믿는 것도 불가능하다.

　The resurrection is the keystone of the arch
on which our faith is supported. If Christ has not
risen, we must impeach all those witnesses for
lying. If Christ has not risen, we have no proof
that the crucifixion of Jesus differed from that of
the two thieves who suffered with him. If Christ
has not risen, it is impossible to believe his
atoning death was accepted.

— D. L. Moody, "Jesus Arose, So Shall We"(sermon)

고사성어 반포지효(反哺之孝)

고사성어 반포지효(反哺之孝)는 까마귀가 자란 뒤 늙은 어미에게 먹이를 물어다 주는 것에서 비롯된 말로 자녀가 자란 뒤 부모에게 효도하는 것을 뜻한다. 한자 효(孝)자를 파자하면 자식이 나이 많으신 부모를 머리에 이고 봉양한다는 의미이다.

주님의 사랑과 등대의 역할
Unchanging Love

In the darkest part of the night, a ship's captain cautiously piloted his warship through the fog-shrouded waters. With straining eyes, he scanned the hazy darkness, searching for dangers lurking just out of sight. His worst fears were realized when he saw a bright light straight ahead. It appeared to be a vessel on a collision course with his ship.

To avert disaster he quickly radioed the oncoming vessel. "This is Captain Jeremiah Smith," his voice crackled over the radio. "Please alter your course ten degrees to the south! Over."

To the captain's amazement, the foggy image did not move. Instead, he heard back on the radio, "Captain Smith, this is Private Thomas Johnson. Please alter your course ten degrees north! Over."

Appalled at the audacity of the message, the captain shouted back over the radio, "Private Johnson, this is Captain Smith, and I order you to immediately alter your course ten degrees south! Over."

A second time the oncoming light did not budge. "With all due respect, Captain Smith," came the private's voice once again, "I order you to alter your course immediately ten degrees north! Over."

Angered and frustrated that this impudent sailor would endanger the lives of his men and crew, the captain growled back over the radio, "Private Johnson. I can have you court-marshaled for this! For the last time, I command you on the authority of the United States government to alter your course ten degrees to the south! I am a battleship!"

The private's final transmission was chilling: "Captain Smith, sir. Once again with all due respect, I command you to alter your course ten degrees to the north! I am a lighthouse!"

The intended audience for this story is really children, so many of you surely guessed the outcome before the end. The applications of this story, however, can be many and are sometimes all too easy to miss.

In Malachi 3:6 God says, "I the Lord do not change." Like the lighthouse in the story, God is a fixed point. He is the immovable object, yet many of us want him to change just to fit our sinful desires. Just look at our culture. The Bible is clear that homosexuality is wrong, yet many liberal theologians today are saying that there is no problem with a practicing homosexual being a christian or even a pastor. The same thing can be said of divorce or sex outside of marriage. We try to redefine God in order to allow ourselves to do whatever we desire, yet if we continue in these directions, we will surely run aground.

– Bryan

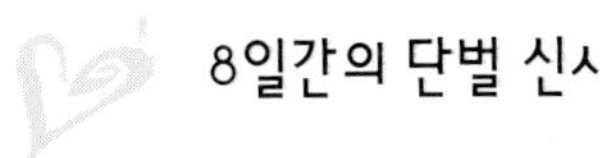# 8일간의 단벌 신사

2004년 7월 10(토)일 박형용 교수는 AF 322편으로 파리 발 보스톤에 도착했다. 파리에서 비행기를 탈 때 입고 있는 것을 제외한 모든 옷은 큰 가방에 넣어 check-in을 했다. 그런데 가방이 실종되어 도착되지 않았다. 박 교수는 졸지에 단벌 신사가 되었다. 내의도 한 벌, 양말도 한 켤레, 양복도 한 벌, 모두 하나였다. 그래서 보스톤 장로교회에서 투숙시켜 준 Holiday In Express에서 매일 밤늦게 단벌 옷을 빨아 다리미질을 하여 다음 날을 준비했다. 3일이 지난 후 Emherst에서 목회하는 6회 동문 황문영 목사가 만류에도 불구하고 3벌의 내의와 양말, 그리고 얇은 스웨터를 주어서 불편을 덜게 되었다. 분실된 가방은 Atlanta 도착해서야 발견되었음을 통보 받았다. 그리고 분실된 짐은 7월 17(토)일에야 Atlanta에서 전달받았다. 이 경험으로 내의를 깨끗하게 제공해주는 아내의 수고를 조금이나마 체험하고 감사할 수 있게 되었다.

편저자

힘과 위로되신 주님

You are my strength and comfort

Some people lean against fence posts
when their bodies ache from toil.
Some people lean on oak trees,
seeking cool shade on hot, humid days.
Some people lean on crutches
when their limbs won't work for them;
and some people lean on each other
when their hearts can't stand alone.

How long it takes to lean upon You,
God of shelter and of strength;
how long it takes to recognize the truth
of where my inner power has its source.

All my independence, with its arrogance,
stands up and stretches within me,
trying to convince my trembling soul
that I can conquer troubles on my own.
But the day of truth always comes
when I finally yield to you, God,
knowing You are a steady stronghold,
a refuge when times are tough.

Thank You for offering me strength,
for being the oak tree of comfort;
Thank You for being the sturdy support
when the limbs of my life are weak.
Praise to you, Eternal Lean-to,
for always being there for me.
Continue to transform me
with the power of your love.

– by Joyce Rupp

## 3 부

지혜의 샘

 ## 하나님과 과학자의 대결

첨단 과학자들이 2050년에는 더 이상 하나님의 필요를 느끼지 않게 될 것이라고 호언 장담을 했다. 이제 우리의 손으로 사람을 만들 수 있게 되었으니 하나님은 우리를 떠나 계셔서 우리를 간섭하지 말라고 했다. 이에 하나님께서, "그럼 한 번 경쟁을 해서 너희들이 이기면 내가 물러나지"라고 대답 하셨다. 첨단 과학자들이 흙을 손에 들고 인간을 만들려고 하자, 하나님께서 "아니야, 내 것으로 말고 너희들 것으로 시작해야지" 하는 통에 첨단 과학자들이 완패하고 말았다. 인간은 항상 창조주와 피조물의 관계를 깨닫고 살 때 행복할 수 있다.

– 뉴욕중부교회 김재열 목사 전언(2003.6)

메기와 산 청어

　런던(London)의 어부들이 북해에서 청어를 잡아서 런던에서 팔곤 했다. 그런데 한가지 어부들에게 당면한 문제는 청어가 런던까지 오는데 모두 죽어 버린다는 사실이었다. 이런 상황 가운데서 한 어부는 그가 잡은 청어를 모두 산채로 런던까지 가져와 아주 비싼 값에 팔았다. 그래서 동료 어부들이 그 어부에게 청어를 런던까지 산채로 수송하는 비밀을 알려 달라고 했다. 그 어부는 그의 비밀을 알려 주려 하지 않았다. 그래서 동료 어부들이 수산물조합을 통해 그에게 압력을 가했다.

　그래서 청어를 살려서 런던까지 수송하는 어부는 할 수 없이 그 비밀을 털어놓게 되었는데 그 어부가 말하는 비밀이 놀라운 것이었다. 그는 말하기를 "나는 청어를 운반하는 용기 속에 메기를 한 마리씩 넣어서 운반합니다" 라고 했다. 동료 어부들이 "아니 메기와 청어는 천

적인데 그렇게 되면 메기가 청어를 잡아먹을 것 아니
요?" 라고 되물었다. 그 때 그 지혜로운 어부는 "옳습니
다. 메기와 청어는 천적입니다. 그런데 북해에서 런던까
지 청어를 수송하는 동안 메기는 몇 마리의 청어 밖에
잡아먹지 못합니다. 나머지 청어는 메기에게 잡아먹히
지 않기 위해 도망 다니다가 죽을 시간을 놓치고 맙니
다." 라고 대답했다. 그렇다. 때론 우리에게 엄습해오는
고난과 고통은 우리를 살아있게 만든다.

 ## 개와 고양이의 차이

개의 특성은 순종하고, 의존적이며, 주인에게 헌신하고, 주인을 주인으로 생각한다. 사람이 개를 안으면 사람의 품에 오래 머문다.

고양이의 특성은 독립적이고, 자립적이며, 황제 병에 걸려 있다. 그래서 자신이 왕이요, 자신의 주변에 있는 사람들을 종으로 생각한다. 사람이 고양이를 안으면 곧 떠나간다.

하나님은 그의 백성들이 개의 특성을 갖기를 원하신다.

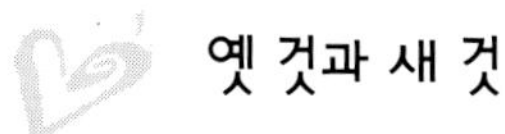# 옛 것과 새 것

옛 격언 : 새로운 것은 옛 것 안에 감추어져 있고 옛것은 새로운 것 안에 계시되어 있다.

Old Adage : The New is in the Old concealed, and the Old is in the New revealed.

 # 염려의 다섯 가지 문제점

1. 염려는 당신이 소유하고 있는 것을 즐기지 못하게
   한다. 염려는 자신이 다룰 수 없는 책임을
   맡는 것이다.(Worry is assuming
   responsibilities that you cannot handle.)
2. 염려는 당신의 가치를 잊게 한다. 염려는 당신이
   가치 없는 사람인 것처럼, 잊혀진 사람인 것처럼,
   그리고 중요하지 않은 사람인 것처럼 느끼게 만든다.
3. 염려는 힘(energy)의 완전한 낭비이다.
   우리는 모르는 사이에 염려를 사랑하게 된다.
   그래서 한 염려가 뒷문으로 나가면 우리는
   다른 염려를 앞문으로 받아들인다.
4. 염려는 하나님의 약속을 우리들의 마음에서
   지워버린다.
5. 염려는 이방인의 특징이요 기독교인의 특징이
   아니다.

염려 해결 방법

1. 우리의 마음을 그리스도에게
　　　고정시켜야 한다(마 6:33).
2. 우리는 하루 하루 사는 법을 배워야 한다.
　　　우리는 항상 오늘(today)을 사는 것이다.
3. 4Ps
　　Presence – 하나님의 임재를 기억하라.
　　Promise – 하나님의 약속을 세어보라.
　　Prayer – 하나님께 염려를 아뢰라.
　　Patience – 하나님의 인도를 기다리라.

Charles Swindoll의 「Perfect Trust」에서

영적 생명

허버트 스펜서(Herbert Spencer)는 인생은 환경과 교류하면서 산다고 했다. 어린 아이는 오감과 그 밖의 다양한 신체 기관들을 가지고 태어난다. 그 아이의 감각이나 각 기관은 그가 속해 있는 환경 내의 어떤 한 가지와 서로 교류하면서 산다. 눈은 광경을 본다. 귀는 소리를 듣는다. 허파는 공기를 빨아들인다.

스펜서는 "내가 나의 환경과 교류를 할 수 있는 한 나는 생명을 가지고 있다. 그러나 나로 하여금 환경과 교류를 하지 못하게 하는 어떤 사건이 일어나면, 그 때 나는 죽을 수밖에 없다. 죽음이란 교류의 부재를 말한다"라고 말한다.

아담은 영적으로 죽었다. 육체의 생명은 그대로 남아 있었지만 하나님과의 교류가 끊어져 버렸기 때문에 아담은 영적으로 죽은 것이다. 내가 끊임없이 하나님과 교

류하고 있는가. 잠시동안 공기를 흡입하지 못하면 생명
이 죽을 수밖에 없는데 우리의 영적인 생명도 하나님과
교류가 없을 때 죽을 수밖에 없다.

- Norman Grubb, Rees Howells: Intercessor(Fort
Washington: CLC, 1974), p.22.

설교와 구속의 효과
Preaching and
the Efficacy of Redemption

Belief in Jesus is a miracle produced only by the efficacy of Redemption, not by impre- ssiveness of speech, not by wooing and winning, but by the sheer unaided power of God. The creative power of the Redemption comes through the preaching of the Gospel, but never because of the personality of the preacher. The real fasting of the preacher is not from food, but rather from eloquence, from impressiveness and exquisite diction, from everything that might hinder the gospel of God being presented.

If it is only because of my preaching that people desire to be better, they will never get anywhere near Jesus Christ. Anything that flatters me in my preaching of the Gospel will end in making me a traitor to Jesus; I prevent the creative power of His Redemption from doing its work.

# 대통령과 국회의원

2003년 4월 2일(수) 노무현 대통령이 국정을 책임진 후 국회를 처음으로 방문했다. 방문의 이유 중 가장 중요한 것은 이라크 파병에 관해 국민 앞에서 지지를 호소하기 위해서였다. 그런데 TV를 통해 노 대통령의 국회 의사당 입장 장면을 보고 나는 깜짝 놀랄 수밖에 없었다. 한 나라의 대통령이 국정 연설 차 국회에 입장하는데 국회의원 대부분이 그냥 앉아 있거나 엉거추춤한 모양이었다. 대통령이 국회에 입장하는데 그대로 앉아 있으면 국회의원의 위상이 높아지겠는가? 오히려 자기 자신의 얼굴에 침을 뱉는 일이 아닌가!

외국의 경우는 대통령이 국회에 입장하면 모든 국회의원들이 일제히 일어나서 박수치면서 환영하는 것을 백성들만 보고 우리 정치인들은 보지 못했단 말인가. 자기 나라 대통령의 권위를 높여 주는 것은 자기 자신의 위상을 높이는 것이다.　　　　　　　　　　　　편저자

어쨌든 용서하십시오
Forgive them anyway

People are often unreasonable, illogical and self-centered ; Forgive them anyway.

사람들은 가끔 비합리적이요, 비논리적이요, 자기 중심적입니다.

어쨌든 그들을 용서하세요.

If you are kind, people may accuse you of selfish, ulterior motives ; Be kind anyway.

만약 당신이 친절을 베풀면, 사람들은 당신을 이기적이며 배후의 동기가 있다고 비난할는지 모릅니다.

그래도 당신은 친절을 베푸십시오.

If you are successful, you will win some false friends and some true enemies; Succeed anyway.

만약 당신이 성공한다면, 당신은 몇 명의 거짓 친구들과 몇 명의 진정한 원수를 얻게 될 것입니다.

그래도 당신은 성공하십시오.

If you are honest and frank, people may cheat you ; Be honest and frank anyway.

만약 당신이 정직하고 솔직하면, 사람들은 당신을 속일 것입니다.

그래도 당신은 정직하고 솔직하십시오.

What you spend years building, someone could destroy overnight ; Build anyway.

당신이 수년 걸려 이룬 것을 어떤 사람이 하루만에 파괴해 버릴 수도 있습니다.

그래도 계속 이루어 나가십시오.

If you find serenity and happiness, they may be jealous ; Be happy anyway.

만약 당신이 고요와 행복을 얻는 다면, 사람들은 투기할 것입니다.

그래도 당신은 행복하십시오.

The good you do today, people will often forget tomorrow ; Do good anyway.

당신이 오늘 행한 선한 일들을 내일이면 사람들이 잊게
될 것입니다.

그래도 당신은 선을 행하십시오.

Give the world your best and it may never be
enough; Give the world your best anyway.

당신의 최선을 세상에 선물하십시오. 당신의 최선이 아
무리 많아도 지나치지 않을 것입니다.

어쨌든 당신의 최선을 세상에 선물하십시오.

You see, in the final analysis, it is between you
and God ; It was never between you and them
anyway.

글쎄요, 종국에는 당신과 하나님 사이의 문제입니다.

결코 당신과 그들과의 사이에 있는 문제가 아니라는 점
입니다.

- Mother Teresa

성 패트릭의 기도
389 AD-461 AD

우리를 하나님의 능력으로 조종하시옵소서.

우리를 하나님의 권능으로 보존하옵소서.

우리를 하나님의 지혜로 가르치시옵소서.

우리를 하나님의 손으로 보호하시옵소서.

우리를 하나님의 길로 인도하시옵소서.

우리를 하나님의 방패로 방어하시옵소서.

— A Prayer of St. Patrick
Celtic monk and evangelist of Ireland.
(389 AD-461 AD)

May the Strength of God pilot us.
May the Power of God preserve us.
May the Wisdom of God instruct us.
May the Hand of God protect us.
May the Way of God direct us.
May the Shield of God defend us.

구원 : 참으로 놀랄 일

"놀랄만한 일은 모든 사람이 구원받지 못했다는 것이 아니요,

놀랄만한 일은 한 사람이라도 구원받았다는 것이다."

"The astounding thing is not that everybody isn't saved;
the astounding thing is that anybody is saved."

– Charles Spurgeon

기도와 인격

A Meditation

"Now Lord, you've known me a long time. You know me better than I know myself. You know that each day I am growing older and someday may even be very old, so meanwhile please keep me from the habit of thinking I must say something on every subject and on every occasion.

"Release me from trying to straighten out everyone's affairs. Make me thoughtful, but not moody, helpful but not overbearing. I've a certain amount of knowledge to share; still it would be very nice to have a few friends who, at the end, recognized and forgave the knowledge I lacked.

"Keep my tongue free from the recital of endless details. Seal my lips on my aches and pains: They increase daily and the need to speak of them becomes almost a compulsion. I ask for grace enough to listen to the retelling of others' afflictions, and to be helped to endure them with patience.

"I would like to have improved memory, but I'll settle for growing humility and an ability to capitulate when my memory clashes with the memory of others. Teach me the glorious lesson that on some occasions, I may be mistaken.

"Keep me reasonably kind; I've never aspired to be a saint ...saints must be rather difficult to live with ...yet on the other hand, an embittered old person is a constant burden.

"Please give me the ability to see good in unlikely places and talents in unexpected people. And give me the grace to tell them so, dear Lord."

# 나의 감사 기도와 기억

"오, 하늘에 계신 아버지 하나님,
우리에게 음식을 주심을 감사합니다.
　　　그리고 우리는 가난한 자들을 기억합니다.
우리에게 건강주심을 감사합니다.
　　　그리고 우리는 환자들을 기억합니다.
우리에게 친구들을 주셔서 감사합니다.
　　　그리고 우리는 홀로 있는 자들을 기억합니다.
우리에게 자유를 주셔서 감사합니다.
　　　그리고 우리는 갇힌 자들을 기억합니다.
주님! 이런 기억들을 봉사에 사용할 수 있도록
자극하셔서 우리에게 주신 은사들을 다른 사람을
위해 사용하게 하소서, 아멘"

* My Thanksgiving prayer

"O, heavenly father, we thank thee for food and

remember the hungry.

We thank thee for health and remember the sick.

We thank thee for friends
and remember the friendless.

We thank thee for freedom
and remember the enslaved.

May these remembrances stir us
to service,

That thy gifts to us may be used
for others. Amen."

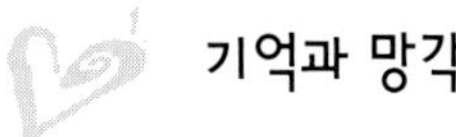# 기억과 망각

"기억은 영원히 지워지는 것이 아니라 평생 머물러 있는 것이며, 잊는다는 것은 기억의 떼어놓을 수 없는 한 부분이다."

- Duke University, 신경생물학교수
마이클 플래트 박사

"망각이 기억보다 어렵다" "무엇을 기억하려 할 때보다 잊어버리려고 할 때의 뇌의 해당부위가 더 활발하게 움직인다."

- 마이클 앤더슨 박사

교회는 목사를 어떻게 모셔야 하는가

1. 적당한 사례를 하라.

   목사의 필요를 충족할 만큼의 적당한 사례를
   지급하여 경제적인 혼란이 없이 주님을
   섬길 수 있게 배려한다.

2. 충성스런 보호를 하라.

   ① 목사를 자기들만의 사람으로 소유하기를
   원해 비합리적으로 목사의 시간을 뺏는
   사람들로부터 보호해야 한다.

   ② 지혜롭지 못하게 과로할 때 목사를
   과로로부터 보호해야 한다.

   ③ 부당한 비평으로부터 목사를 보호해야 한다.

   ④ 악의가 가득한 가싶으로부터 목사를
   보호해야 한다.

3. 목사를 이해하며 인내해야 한다.

   목사도 사람인 것을 잊지 말라. 그의 특질을

이해하고 용서하는 마음을 가지라.
그는 정책을 제안할 수 있지만 잘못도
저지를 수 있다. 사랑 안에서 그와 함께
인내심을 가지라.

4. 신실한 칭찬을 아끼지 말라.

아첨의 말이 아니라 진지하게 감사하는 마음을
표시하라. 격려의 말이 담긴 엽서를 보내라.
목사의 설교를 통해 은혜를 받고 있음을
표시하라. "목사를 잃게 되는 가장 빠른 길은
그의 등을 두들기며 칭찬하는 것이다.
– 그는 충격으로 죽게 될 것이다."

5. 매일 목사를 위해 기도하라.

우리는 너무 자주 당신을 위해 기도하겠다고
말해 놓고서는 잊어버리곤 한다. 우리는
진지하게 매일 매일 목사를 위해
기도해야 한다.

* What A Church Owes the Pastor

1. Adequate Pay

> Enough pay to care for his needs so that
> he is free to serve the Lord without
> financial distraction.

2. Loyal Protection

> From unreasonable demands on his time
> from people who want to "possess"
> their pastor.
> From unwise over-work.
> From unjustified criticism.
> From malicious gossip.

3. Understanding Patience

> Don't forget that he is only a man.
> Be forgiving of his idiosyncrasies.
> He may propose policies,
> make mistakes.
> In love have patience with him!

4. Sincere Praise

> Not flattery, but sincere appreciation.
> Send him a note of encouragement.
> Let him know you appreciate
> his sermons.
> "The quickest way to lose a pastor is to
> pat him on the back-he'll die from the

shock!"

5. Daily Prayer
So many times we say we'll remember
someone in prayer and then
we forget it.
We need to pray for him, in earnest,
on a day-by-day basis.

– by the late Dr. Vernon C. Grounds
of Denver Seminary

# 목사는 교회를 어떻게 섬겨야 하는가

우선 성도들은 목사가 하루의 일을 책임 있고 성실하게 수행할 것이라는 사실에 대해 염려할 필요가 없다. 진정으로 염려해야 할 것은 목사가 과로하여 탈진하게 되는 것이다.

목사는 다음과 같이 교회를 섬겨야 한다.

1. 목사는 감독자이다.

　　목사는 감독을 하는 사람이다.

　　목사는 목회를 지도하고 관할하는 감독자이다.

2. 목사는 장로이다.

　　연세로 따져서가 아니라 마음의 영적 문제에서

　　장로의 역할을 해야 한다.

3. 목사는 설교자이다.

　　목사는 하나님의 말씀을 풀어서 전달해야 할

　　주석가이다. 목사의 책임은 교회에게 하나님의

말씀을 가르쳐 교회가 준비된 상태로 사회로
나아가 목회의 사역을 할 수 있게 하는 것이다.

4. 목사는 섬기는 자이다.

목사는 그가 섬기는 교회의 종이다.
그는 심부름하는 소년은 아니지만,
그는 감수성과 배려와 종된 마음을 가지고
교회를 섬겨야 한다.

5. 목사는 목자이다.

목사는 양떼를 먹이고, 보호 관찰하고,
인도해야 한다. 목자는 말씀의 "진국"으로
양떼를 먹여야 한다. 목자는 양떼를 보호
관찰하여야 한다. 그는 양을 알아야하고
대화와 심방을 통해 개인들의 필요에 민감하게
대처해야 한다. 목사는 양떼를 인도해야한다.
그는 양떼를 몰고 가지 않고 인도해야한다.

* What A Pastor Owes the Church

First of all, you should never have to worry

about a trustworthy pastor giving an honest day's
work. The real worry is that he will overwork
and burn out.

A pastor owes the church:

1. He is an Overseer.

> He is a bishop; an overseer to direct
> and supervise the work of the ministry.

2. He is an Elder.

> Not necessarily in age,
> but in spiritual matter of the heart.

3. He is a Preacher.

> An expositor of God's Word.
> His responsibility is to teach the Word
> so that the congregation will be
> prepared to go out and do 'the work
> of the ministry.'

4. He is a Minister.

> A servant of his church.
> He is not an errand boy,
> but he ministers with
> a sensitive, caring, servant heart.

5. He is a Shepherd.

> Feeding, heeding, leading the flock.
> A shepherd feeds the sheep-with

the "meet" of the Word.
A shepherd heeds the sheep-he
knows his sheep and is sensitive to
individual needs by conversations
and visitations.
A shepherd leads the flock-he
does not drive, but leads.

— by the late Dr. Vernon C. Grounds
of Denver Seminary

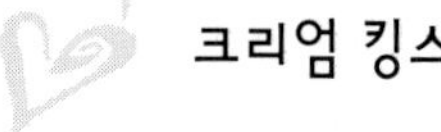 # 크리엄 킹스

참되신 하나님, 당신과 홀로 있기 위하여,
　　　신발을 벗어 놓습니다. – 나의 야망을
　　　시계를 벗어 놓습니다. – 나의 예정표를
　　　안경을 벗어 놓습니다. – 나의 견해를
　　　펜을 내려놓습니다. – 나의 일들을
　　　열쇠를 내려놓습니다. – 나의 안보를

당신과 함께 한 후…
　　　당신의 길을 가려 신발을 신습니다.
　　　당신의 시간 속에서 시계를 채웁니다.
　　　당신의 세계를 보려고 안경을 씁니다.
　　　당신의 생각을 적으려고 펜을 힘껏 쥡니다.
　　　당신의 문을 열려고 열쇠를 집어듭니다.

# 오타 시크의 십계명

오타 시크는 1968년 "프라하의 봄"이라 일컫던 체코슬로바기아 개혁 공산주의 운동의 주역 두브체크와 함께 "인간의 얼굴을 한 사회주의" 건설을 꿈꾸던 경제학자이다. 그는 그 해 여름 소련의 전차 부대가 침공해 프라하의 개혁운동을 짓밟자 스위스로 망명해 대학 강단에서 가르쳤다. 그는 일당 독재 국가에 사는 요령을 십계명으로 전한다.

1. 바보가 되라.
2. 그게 안되면 생각하지 마라.
3. 생각은 해도 말하지 마라.
4. 말은 해도 글은 쓰지 마라.
5. 글을 써도 서명은 하지 마라.
6. 서명은 해도 내 것이 아니라고 잡아떼라.
7. 그게 안되면 미쳐 버리라.
8. 그러지도 못하면 자살을 하라.
9. 그것도 못하면 서방으로 탈출하라.
10. 그러지도 못하면 당에 입당해 버려라.

# 흥분했을 땐 차라리 침묵

주장 제대로 펴는 법

① 무조건 "예" 하지 마라. 아니라고 판단되면
　　단호하게 "아니오"라고 말하라.

② 자신을 낮추면서 말하라. "부장님은 왜
　　그러느냐"보다 "제가 보기에는"이라고 말하라.

③ 주어를 가려 써라. 좋은 이야기는 "부장님이 잘했다"
　　고 하고 나쁜 이야기는 "제가 느꼈다"고 하라.

④ 과제를 마감하지 못할 경우 미리 말해서
　　해법을 찾도록 하라.

⑤ 흥분했을 때는 차라리 아무 말을 하지 마라.

⑥ 항의할 때에는 상사의 행동을 평가하지 말고
　　객관적 사실만 전달하라.

⑦ 항의할 때에는 내 말이 진리인 것처럼 말하지 말고
　　자신의 입장이라는 점을 분명히 하라.

－ 인제대 백병원 신경정신과 우종민 교수

 **"해도 너무 하는 구나"**

목회할 때 성도들이 해도 너무 한다 라고 생각될 때가
있다. 그럴 때 하나님이 나의 목회를 보시고 "너! 해도
너무 하는 구나" 라고 말씀하실 것을 생각하면 마음의
자유를 얻는다.

– 김성주 목사 (2002.11.5)
합신 경건회 시(요 13:34-35, 목회자가 필요한 것)

 # 알파(Alpha)는 공부의 시작

A – Anyone can come.
  (누구든지 참여 할 수 있다)

L – Learning and laughter.
  (웃으면서 배운다)

P – Pasta.
  (애찬을 나누면서 공부한다)

H – Helping one another.
  (서로 돕고 섬긴다)

A – Ask anything.
  (무엇이든지 질문할 수 있다)

 **로마와 아모르**

이탈리아의 노벨수상작가인 가브리엘레 다눈치오는
로마(Roma)를 거꾸로 하면 아모르(Amor)가 된다고 적
은 후 로마는 사랑하지 않을 수 없는 도시라고 했다.

웃음과 재치의 샘

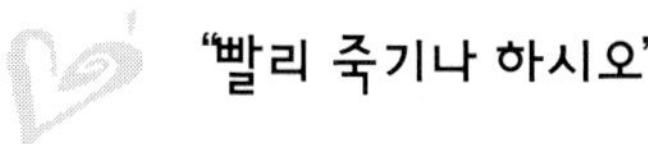# "빨리 죽기나 하시오"

이 이야기는 구리 S교회 최원로 목사님과 사모님에 관한 이야기이다. 두 분은 금실이 매우 좋았다. 최 목사님이 55세쯤 되었을 때 사모님이 백혈병에 걸려 세브란스 병원에 입원을 하셨다. 그런데 사모님의 병이 악화되어 의사들이 임종 준비를 하라고 권했다.

죽음을 가까이에 둔 사모님이 병상에서 목사님에게 유언을 하셨다. 사모님이 "당신은 내가 죽으면 결혼을 하십시오. 그러나 아이 둔 과부하고는 결혼하지 마시고, 젊은 처녀하고도 결혼하지 마시오. 당신은 노처녀와 결혼하시되 자녀는 갖지 않도록 하십시오"라고 유언을했다.

그 말을 들은 목사님이 "그런 염려는 하시지 마시고 내가 다 알아서 할 테니 당신은 빨리 죽기나 하시오" 라고 대답했다. 이 말을 들은 사모님이 살아야 되겠다는

생각으로 강한 마음을 갖고 병과 싸워 의사들이 놀랄 정
도로 속히 회복되어 15년 후인 지금도 건강하게 사신다.

– 김승연 목사 증언
(독일 Eisenarch에서 Frankfurt로 가는 도중)(2004.7.8.목)

입원한 사람이 어디 아픈지 가장 잘 알지요

남포교회(박영선 목사)의 이한규 장로님이 서울병원에 입원을 하셨다. 이 장로님은 기우회 회원이셨다. 그래서 기우회 회원들이 이한규 장로님이 입원해 계시는 병원으로 문병을 갔다. 그 때 하신기 장로님, 장춘원 집사님은 이미 문병을 왔던 차라 문밖에서 기다리고 강정호 집사님과 김한식 장로님(다른 교회 장로님으로 현재 남포교회 출석중)이 병실에 들어 갔다. 강정호 집사님이 김한식 장로님을 생각하면서 "장로님이 기도하셔야죠"라고 말했다. 그런데 입원하고 계신 이한규 장로님은 방안에 장로는 자기밖에 없는 것으로 생각하고 일단 기도를 시작하셨다. 그런데 이한규 장로님이 기도를 잠시 하다가 "어, 이거 아닌데, 입원한 내가 나를 위해 기도하다니"라고 말하고 기도를 멈추었다. 그 때 김한식 장로님이 기도를 계속 이어 갔다.

– 하신기 장로님 전언 (2003.8.19) 전교인 수련회에서

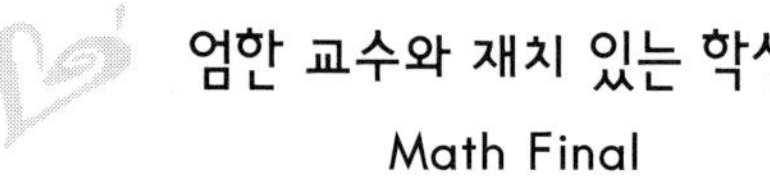

엄한 교수와 재치 있는 학생

Math Final

The setting is Ohio State University about six or seven years ago (1992) in a huge lecture hall(approximately 1000 students) for a Calculus final. Apparently this particular calculus teacher (unlike our beloved professor Bonk) wasn't very well liked. He was one of those guys who would stand at the front of the class and yell out how much time was remai- ning before the end of a test, a real charmer. Since he was so busy galavanting around the room making sure that nobody cheated and that everyone was aware of how much time they had left before their failure on the test was complete, he had the students stack the completed tests on the huge podium at the front of the room. This made for quite a mess, remember there were 1000 students in the class.

Anyway, during this particular final, one guy entered the test needing a descent grade to pass the class. His only problem with Calculus was that he did poorly when rushed, and this ass standing in the front of the room barking out how much time was left before the tests had to be handed in didn't help him at all. He figured he wanted to assure himself of a good grade, so he hardly flinched when the professor said "pencils down and submit your scantron sheets and work to piles at the front of the room."

Five minutes turned into ten, ten into twenty, twenty into forty⋯almost an hour after the test was "officially over," our friend finally put down his pencil, gathered up his work, and headed to the front of the hall to submit his final. The whole time, the professor sat at the front of the room, strangely waiting for the student to complete his exam.

"What do you think you're doing?" the professor asked as the student stood in front of him about to put down his exam on one of the neatly stacked piles of exams (the professor had plenty of time to stack the mountain of papers while he waited) It was clear that the professor had waited only to give the student a hard time.

"Turning in my exam," retorted the student confidently.

"I'm afraid I have some bad news for you," the professor gloated, "Your exam is an hour late. You've FAILED it and, consequently, I'll see you next term when you repeat my course."

The student smiled slyly and asked the professor "Do you know who I am?"

"What ?" replied the professor gruffly, annoyed that the student showed no sign of emotion. The student rephrased the question mockingly, "Do you know what my name is?"

"No," snarled the professor.

The student looked the professor dead in the eyes and said slowly, "I didn't think so," as he lifted up one of the stacks half way, shoved his test neatly into the center of the stack, let the stack fall burying his test in the middle, turned around, and walked casually out of the huge lecture hall.

죽으면 산다

　버스를 타고 여행을 하는데 내리막길에서 버스의 브레이크가 고장이 나서 가속도가 붙기 시작했다. 모든 손님들이 두 손으로 지지대를 붙잡고 생명을 부지하고 있었다. 지지대를 놓으면 죽을 수밖에 없는 상황이었다. 버스 기사는 위험 천만한 곡예 운전을 하면서 "한 사람만 손을 놓고 생명을 희생해서 나를 도우면 모두 살 수 있을 것입니다" 라고 말한다.

　그런데 손님 중에 합동신학대학원에 다니는 신학생이 있었다. 이 신학생이 운전기사의 말을 듣고 "나는 합동신학대학원에 다니는 학생이요, 예수를 믿는 사람인데 내가 손을 놓고 희생하겠습니다" 라고 대답을 했다. 그 말이 떨어지기도 전에 모든 사람이 박수를 쳤다.

– 강황 목사(런던 한빛교회) 합동신학대학원 경건회에서

(2003.10.8.수)

 # 원칙과 삼각형의 원리

강황 목사가 중학교 시절에 야구부원이었다. 그런데 감독이 히트 앤드 런(hit and run) 싸인을 보내서 타자가 야구 방망이를 움직이자마자 뛰기 시작했다. 강 선수는 1루에서 열심히 뛰어 2루를 거쳐 3루로 가는데 타자가 친 볼이 플라이 아웃(fly out)이 되고 말았다. 그래서 강황 선수는 다시 1루로 신속히 돌아가야 할 형편에 처하게 되었다.

그 상황에서 강 선수의 머리에 얼른 떠오른 생각은 삼각형의 두 변은 한 변 보다 길다는 것이었다. 그래서 3루 쪽에서 2루를 밟지 않고 신속히 1루로 되돌아갔다. 강 목사는 영문 모르고 안도의 숨을 쉬고 있는데 모든 사람이 웃었다. 그러나 하나님 아버지는 웃지 않으셨다 (딤후 2:5). 왜냐하면 강 선수는 원칙에 벗어난 일을 했기 때문이다.

강황 목사(2003.10.8.수)

건망증

건망증이 심한 생물학 교수가 교실에서 학생들에게 "내가 가지고 있는 이 주머니에 내가 해부한 아주 훌륭한 종류의 개구리가 있다" 라고 말했다. 그리고 나서 그가 주머니를 열어 샌드위치와 컵 케이크를 꺼냈다. 그리고 그가 하는 말이 "이상한데!, 나는 이미 점심을 먹었는데" 라고 말했다.

* Absent-Minded

The absent-minded professor of biology said to his class: "I have in this sack, an excellent specimen of a frog that I dissected."
When he opened the sack he pulled out a sandwich and a cupcake. "Strange," he said, "I think I have already eaten lunch."

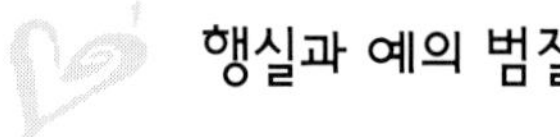# 행실과 예의 범절

아버지: 너는 행실에는 D를 받았는데 예의범절에는
　　　　A를 받았구나. 그것이 어떻게 가능하니?
아들: 내가 다른 사람을 찰 때마다 사과를 하거든요.

* Apologize

Father : I see you got a D for conduct but an
　　　　A for courtesy. How is that possible?
Son : Whenever I kick someone I apologize.

두 가지 기회

당신은 두 가지 기회를 가졌습니다: 하나는 세균에 감염되는 것이요, 다른 하나는 세균에 감염되지 않는 것입니다. 만일 당신이 세균에 감염되었으면, 당신은 두 가지 기회를 가졌습니다: 하나는 병을 얻는 것이요, 다른 하나는 병을 얻지 않는 것입니다. 당신이 병에 걸렸으면, 당신은 두 가지 기회를 가졌습니다: 하나는 죽는 것이요, 다른 하나는 죽지 않는 것입니다: 만일 당신이 죽으면, 당신은 역시 두 가지 기회를 가졌습니다: 하나는 천국에 가는 것이요, 다른 하나는 지옥에 가는 것입니다.

* Two Chances

You have two chances: one of getting the germ, and one of not getting the germ. If you get the germ, you have two chances: one of getting the disease, and one of not getting the disease. If you get the disease, you have two chances: one of dying, and one of not dying. And if you die-well, you still have two chances: one of going to heaven, and one of going to hell.

 # 기분전환과 휴식

스캇 : 나는 기분전환(change)과 휴식(rest)을 위해
　　　호텔에 갔다.
팀 : 그래서 너는 그것들을 얻었는가?
스캇 : 호텔 급사가 거스름돈(change)을 챙겼고,
　　　호텔은 나머지(the rest)를 챙겼지.

*Change and Rest

Scott : I went to a hotel for a change and
　　　　rest.
Tim : Did you get it?
Scott : The bellboy got the change and
　　　　the hotel got the rest.

법정모독

변호사가 총기사고에 대한 증인의 증언을 묻는다. "당신은 총이 발사된 것을 보셨습니까?" "아니요, 나는 단지 들었을 뿐입니다." 판사가 날카롭게 "증언석에서 내려 오시오. 당신의 증언은 가치가 전혀 없오" 라고 말했다.

그 증인은 증언석을 떠나려고 몸을 돌려 그의 등이 판사를 향하게 되었을 때, 조롱하는 것처럼 큰 소리로 웃었다. 이 법정모독의 장면에 화가난 판사가 그 증인을 다시 증인석에 불러 세우고 왜 법정을 모독하는 그런 웃음을 웃게 되었는지 설명하라고 요청했다.

그 때 그 증인은 "판사님, 당신은 제가 웃는 것을 보셨습니까?" 라고 물었다. 판사가 "아니요, 내가 당신이 웃는 것을 들었소" 라고 되받자, 그 증인은 "존경하는 판사님, 그 증거는 만족하지 않은 것입니다" 라고 말했다.

* Contempt

A lawyer was questioning the testimony of a witness to a shooting.

"Did you see the shot fired?"

"No, sir, I only heard it."

"Stand down," said the judge sharply. "Your testimony is of no value."

The witness turned around in the box to leave, and when his back was turned to the judge he laughed loud and derisively. Irate at this exhibition of contempt, the judge called the witness back to the chair and demanded to know how he dared to laugh at the court.

"Did you see me laugh, Judge?" asked the witness.

"No, but I heard you," retorted the judge.

"That evidence is not satisfactory, Your Honor," said the witness respectfully.

신용불량자

의사가 저녁을 먹으러 나갔는데 돈을 잘 떼어먹는 환자를 만났다. 의사가 그 환자를 한 쪽으로 불러 그가 2년여 전에 치료받은 250불의 치료비가 빚으로 남아 있다고 상기시켰다. 의사는 그 치료비를 다 갚아야 한다고 주장했다. 놀랍게도 그 환자는 수표책을 호주머니에서 꺼내더니 치료비 전체에 해당하는 수표를 써서 건네 주었다.

그 환자의 신실한 행동에 의심을 하면서 의사는 그 다음 날 아침 곧바로 은행에 가서 수표를 현찰로 바꾸려고 했다. 은행 직원이 수표를 되돌려주면서 "수표를 쓴 사람의 은행 계좌가 수표 금액보다 25불 부족해서 현찰로 바꿀 수 없습니다" 라고 설명했다. 치과의사는 웃으면서 잠시 고객들이 신청서 작성하는 곳에 갔다가 다시 은행 직원에게 와서 돈 잘 떼어먹는 환자의 계좌에 35불을 예금했다. 그런 후 치과의사는 다시 250불의 수표를 은행 직원에게 건넸다. 치과의사는 215불을 환수한 셈이다.

* Deadbeat

A doctor spotted a deadbeat patient while he was out to dinner. He called the patient aside and reminded him that he owed $250 for the work done more than two years earlier. He insisted that the man pay up. To the doctor's astonishment, the patient pulled a checkbook from his pocket and wrote a check to the doctor for the full amount.

Skeptical about the man's good faith, the doctor went directly to the bank the next morning and presented the check for payment. The teller handed back the check with the explanation that the patient's account was $25 short of the amount of the check. The dentist smiled, stepped back to the customer's desk for a few minutes, came back to the teller, deposited $35 to the account of his former patient, and then again presented the $250 check. He walked out with a net gain of $215.

 의사 선생님! 의사 선생님!

간호사가 진찰실을 박차고 들어 와서 "닥터 푸어, 당신이 건강에 전혀 문제가 없다고 진찰한 웨스톤씨가 방금 방문을 나서다가 갑자기 죽었습니다" 라고 숨가뿐 소리로 외쳤다. 닥터 푸어가 자리에서 벌떡 일어서더니 "빨리 움직이시오. 우리가 그 사람의 위치를 바꾸어 진찰실에 들어오다 죽은 것처럼 해야 하오" 라고 말했다.

* Doctor, Doctor

The nurse burst into the doctor's office. "Dr. Poure!" she yelled. "You just gave Mr. Weston a clean bill of health...and he dropped dead right outside the door on his way out."

Dr. Poure leaped into action. "Quick," he said. "We've got to turn him around so it looks like he was just coming in."

의사와 돈

의사 : 저기 가시는 저 여자분이 내가 사랑해 본
　　　　유일한 분이요.
간호사 : 그러면 왜 저 여자분과 결혼하지 않았습니까?
의사 : 그렇게 할 수가 없었습니다. 저 여자분이
　　　　가장 돈을 많이 내는 고객이었으니까요.

* Doctor and his best patient

Doctor : There goes the only woman
　　　　　I ever loved.
Nurse : Why don't you marry her?
Doctor : I can't afford to. She's my best patient.

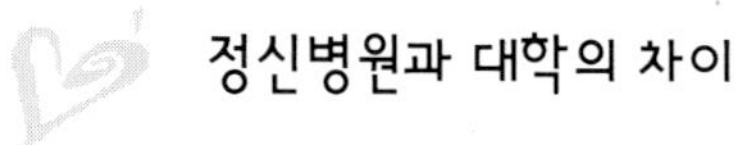

정신병원과 대학의 차이

한 사람이 정신병원을 대학으로 잘못 알고 찾아갔다. 그 사람이 그의 잘못을 지적 받자 그는 병원 관계자에게 "정신병원이나 대학이나 별로 큰 차이가 없지요," 라고 말했다. 그러자 그 병원 관계자가 "선생님, 큰 차이가 있습니다." "당신이 정신병원을 벗어나기 위해서는 큰 진전이 있어야 합니다" 라고 말했다.

* Difference between Insane Asylum
and College

A man mistook an insane asylum for a college. When his error was pointed out to him he said to the attendant, "Well, I don't suppose there's much difference." "There's a big difference, Mister," said the attendant. "Here you have to show improvement before you get out."

사단과 변호사

하루는 천국과 지옥을 구분하는 문이 부서졌다. 베드로와 사단이 고쳐야 할 책임이 누구에게 있는지 크게 싸웠다. 많은 논쟁이 있었지만 둘은 결론에 이르지 못했다. 베드로가 천국을 대변할 변호사를 고용하겠다고 하자, 사단이 "어디에서 변호사를 구하겠느냐, 모든 변호사는 다 나한테 속해 있는데" 라고 대답했다.

* Satan and Lawyers

One day the gate between Heaven and Hell broke down, and Saint Peter and Satan got into a bitter dispute about whose responsibility it was to repair it. After much argument they could not arrive at an agreement. Then Saint Peter said he would hire a lawyer to defend the interests of Heaven.

"Where are you going to get a lawyer?" asked Satan. "I've got them all."

 # 왜 공부해야 하는가 ?

왜 공부해야 하는가? 우리가 더 많이 알면, 더 많이 잊어버린다. 우리가 더 많이 잊어버리면, 우리는 아는 것이 더 적다. 우리가 아는 것이 더 적으면, 잊을 것도 더 적다. 우리가 더 적게 잊으면, 우리는 더 많이 안다. 그런데 왜 공부해야 하는가?

* Study

Why study? The more we know, the more we forget. The more we forget, the less we know. The less we know, the less we forget. The less we forget, the more we know. So why study?

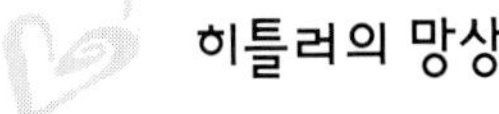 ## 히틀러의 망상

한 번은 히틀러가 자신을 너무 높이 생각한 나머지 정부의 인쇄공장에 자신의 모습이 담긴 우표를 찍어내도록 명령했다. 상당한 기간이 지난 후에 우편 배달원들이 우표가 봉투에서 떨어진다고 불평하기 시작했다. 매일 우편 배달원의 가방에 우표가 가득 쌓였다.

히틀러가 인쇄공장을 방문했다. 그는 왜 가장 질이 좋은 접착풀을 그의 기념우표에 사용하지 않았느냐고 따졌다.

인쇄공장장이 떨면서, "그런데요, 그게, 사실은 우리들이 이 불행한 상황을 조사해 보았습니다. 문제는, 총독 각하, 사람들이 우표의 반대쪽에 침을 뱉기 때문입니다" 라고 말했다.

* Hitler

At one point Hitler thought so much of

himself that he ordered the government prin-
ting office to issue a stamp bearing his likene- ss.
After a period of time the postal carriers began
complaining that the stamps were falling off the
envelopes. Every day their bags would be full of
stamps.

Hitler paid a visit to the printers. He de-
manded to know why the highest grade of glue
hadn't been used on his commemorative stamp.

"Oh, but it was," the trembling printer as-
sured him. "We've looked into this unfortunate
situation, and the problem, sir, is that the pe- ople
are spitting on the wrong side."

정보의 샘

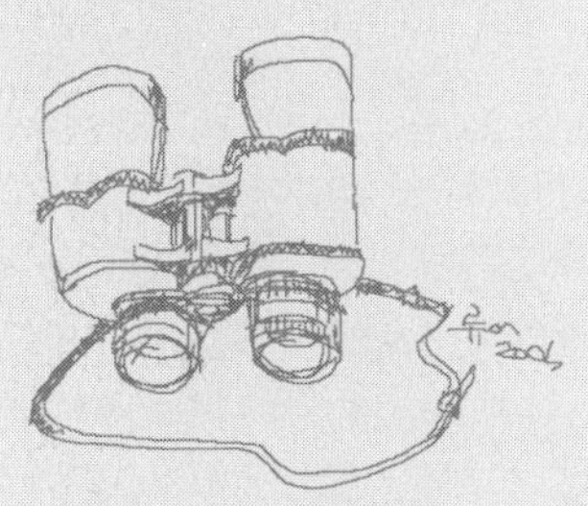

 믿음과 건강

다트머스(Dartmouth)대학 연구팀은 1995년에 신자
와 불신자의 건강 상태를 비교 조사했다. 교회 생활을
정규적으로 하는 사람과 교회에 나가지 않은 사람을 비
교한 것이다. 교회 생활하지 않는 사람이 교회 생활을
정규적으로 하는 사람에 비해 고혈압 질환이 5배, 심장
마비에 의한 사망률이 2배, 우울증이 2배, 자살률이 4배
나 되었다. 신앙 생활이 우리의 건강에 얼마나 큰 영향
을 끼치는지 보여주는 예이다.

 ## 교회에 참석하는 이유

평범한 교인 10,000명에게 질문을 했다.
그리스도를 믿고 이 교회에 참석하게 된 이유가 무엇입
니까?

특별한 필요가 있어서 입니다. 2%

그냥 방문했습니다. 3%

목사님을 좋아해서 입니다. 6%

이 교회를 방문해 본 적이 있었습니다. 1%

주일학교 운영을 좋아합니다. 5%

부흥집회에 참석해 보았습니다. 1%

교회의 프로그램을 좋아합니다. %

친구와 친척이 초청했습니다. 79%

What was responsible for your coming to
Christ and this Church?

I had a special need.   2%
I just walked in   3%
I like the minister   6%
I visited here   1%
I like the Sunday School   5%
I attended a revival service   1%
I like the programs   3%
A friend or relative invited me   79%

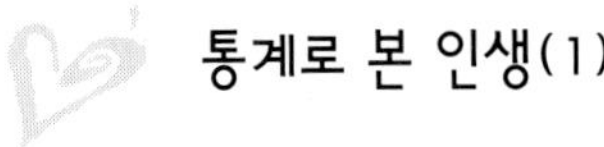# 통계로 본 인생(1)

수면   23년

양치질+씻는데   2년

일하는데   26년

화장실   1년

거울   1년 6개월

기다리는데   3년

차 타는 시간   6년

아침 저녁 신문   2년 6개월

텔레비전 시청   4년

화내는데   2년

웃는데   88일

 ## 통계로 본 인생 (2)

미국의 어느 연구소에서 인생 70세를 분석했다.

잠자는데 24년

일 11년

오락 8년

기다리는데 6년

걷는데 6년

모양내는데 6년

독서 3년

대화 3년

교회참석 6개월

# 통계로 본 인생(3)

스위스의 한 노인이 80생애의 삶을 시간의 양으로 분석했다.

취침 26년
노동 21년
식사 6년
남이 약속 안지켜 기다린 시간 5년
혼자 불안스럽게 낭비 5년
세면 228일
넥타이 착용 18일
담배불 붙이는데 12일
아이들과 노는데 26일
가장 행복했던 시간 46일

 ## 미국의 창설자는 요한 칼빈

    선택과 은혜, 선택과 호의와 같은 사상이 청교도 사상에 잘 짜여 있다. 그런 의미에서 독일 역사학자 Leopold von Ranke가 "John Calvin was the virtual founder of America."(요한 칼빈은 실제적인 미국 창설자이다)라고 말했다.

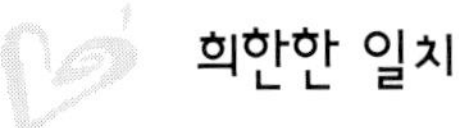 ## 희한한 일치

Abraham Lincoln과 John F. Kennedy

Lincoln과 Kennedy는 둘 다 인권에 관심이 많았다.

Lincoln은 1860년에 대통령에 당선되었다.
Kennedy는 1960년에 대통령에 당선되었다.

두 사람 다 금요일에 아내가 옆에 임석한 가운데 암살되었다. 그것도 뒤에서 쏜 총에 머리를 맞아 절명했다.

Lincoln의 후임자는 남부 민주당원으로 상원의원을 지낸 Johnson이란 사람이다.
Kennedy의 후임자도 남부 민주당원으로 상원의원을 지낸 Johnson이란 사람이다.

Lincoln의 후임자 Andrew Johnson은 1808년에 태어
났다.
Kennedy의 후임자 Lyndon Johnson은 1908년에 태
어났다.

Lincoln의 암살자 John Wilkes Booth는 1839년에 태
어났다.
Kennedy의 암살자 Lee Harvey Oswald는 1939년에
태어났다.

Booth와 Oswald는 특이한 이념을 가진 남부인이었다.

Lincoln도 백악관에 있을 때 자녀를 잃었다.
Kennedy도 백악관에 있을 때 자녀를 잃었다.

Lincoln의 비서의 이름은 Kennedy인데 그가 Lincoln
에게 극장에 가지 말도록 권했다.
Kennedy의 비서의 이름은 Lincoln(Evelyn)인데 그녀
가 Kennedy에게 달라스(Dallas)에 가지 말도

록 권했다.

John Wilkes Booth는 Lincoln을 극장에서 저격하고
　　　창고로 도망했다.
Lee Harvey Oswald는 Kennedy를 창고에서 저격하
　　　고 극장으로 도망했다.

Lincoln의 이름도 철자가 일곱이요
Kennedy의 이름도 철자가 일곱이다.

Lincoln의 후임자 Andrew Johnson은 13개의 철자로
　　　된 이름이요
Kennedy의 후임자인 Lyndon Johnson도 13개의 철
　　　자로 된 이름이다.

Andrew Johnson은 "G"로 시작하는 이름을 가진 사람
　　　에 의해 재선에 도전 받았다.
Lyndon Johnson도 "G"로 시작하는 이름을 가진 사람
　　　에 의해 재선에 도전 받았다.

Booth는 재판 받기 전에 죽임을 당했다.

Oswald도 재판 받기 전에 죽임을 당했다.

미리 알았더라면 좋았을 것을!
Things I wish I'd Known

1. Any and all compliments can be handled by saying, "Why, thank you!" It helps if you have a Southern accent.

2. Never give yourself a haircut after three margaritas.

3. Never continue to date anyone who is rude to the waiter or doesn't like cats and dogs.

4. The five most essential words for a healthy, long-lasting relationship are, "I apologize," and "You are right."

5. Everyone seems normal until you get to know them.

6. When you make a mistake, make amends immediately. It's easier to eat crow while it's still warm.

7. The best advice my mother gave me was,

"Go! You might meet somebody!"

8. Pick your battles. Will this matter one year from now? One month? One day? Don' t sweat the small stuff.

9. Never pass up an opportunity to use the bathroom. It may be your last chance for a long time.

10. Never underestimate the kindness of your fellow man. Most people are better than you think.

11. Work is necessary, but it' s not the most important thing.

12. Be nice to your friends. You never know when you are going to need them to visit you in the nursing home.

세계 인구가 100명이라면 (2001년)

57명-아시아인

21명-유럽인

14명-남·북미주

8명-아프리카인

52명-여자

48명-남자

30명-백인

70명-비백인

세계 부(富)의 59%가 6명에 속함

6명이 모두 미국시민(US Citizens)임

80명-표준이하의 주택에 거주

70명-글을 읽지 못함

50명-영양실조로 고통

1명-사망직전

1명-출생직전

1명만-대학교육받음

1명만-컴퓨터 소유

10명만-복음주의 신자

# 살아 있는 말씀

성경을 현대어로 번역한 필립스(J.B. Phillips)는 "나는 여러 차례 내가 작업하고 있는 자료들이 살아 있음을 느꼈다"라고 말했다. 이는 마치 전기 스위치를 끄지 않은 채 오래된 집의 전기 줄을 다시 연결시키는 것과 같다.

(The Ring of Truth. Hodder, 1967. p.18)

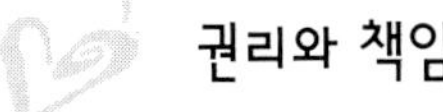# 권리와 책임

　　세익스피어(Shakespeare)의 역사극 Richard Ⅱ에 보면 한 불행한 왕의 모습을 보게된다. 그는 합법적인 왕이었다. 그는 정상적인 혈통에서 태어났고 적법한 절차에 따라 왕이 되었다. 그러나 그는 성미가 급했고, 열정적이며, 공의를 집행하는데 마음 내키는데로 했다. 세익스피어는 이 왕이 결국에 가서는 왕관을 잃게 되었다고 전한다. 특권은 책임을 수반하는 것이다. Richard Ⅱ는 권리만 행사했지 책임은 실천하지 못했다.

 ## 그리스도와 기독교 교육

　서구 전통의 고등 교육은 기독교 신앙으로부터 시작했다. 기독교회는 초기부터 교육에 많은 강조를 했다. 예수님은 "선생"으로 호칭되었으며 제자들(배우는 자들)을 모아서 가르치셨다. 그리고 예수님은 팔레스틴 지역의 여러 동네 사람들을 가르치셨다. 바울 사도는 많이 배운 학자로 교회를 설립하고 그 교회들을 배움의 장소로 사용했다. 이런 방법을 통해 복음이 서쪽으로는 유럽으로 동쪽으로는 중국에 이르기까지 전파되어 갔다.

　복음의 전파로 인해 Bologna, Paris, Cambridge, 그리고 Oxford와 같은 도시에 배움의 장소인 대학이 설립되었다. 그리고 문예부흥과 종교개혁을 통해 Edinburgh와 Halle와 같은 도시에 대학이 설립되고 미국의 여러 대학의 설립도 기독교 교육과 직접적인 관련을 가지고 있다. 그리스도는 교육의 첫 번째 원리요, 중심된 원리이다. 사실상 주님의 진리는 대학(University)에 통일성을 주는 역할을 했다.

기독교 교육은 세상 끝까지 복음을 전파하는 수단도 되지만 사실상 기독교 교육은 기독교가 다음 세대까지 살아 남을 수 있기 위해 필요한 본질적인 것이다. 옛 말에 "하나님은 손자를 두지 않으신다"라는 말이 있다. 이 말은 한 개인이 그의 주님과 인격적 관계를 가져야 한다는 뜻에서 옳은 말이지만, 기독교 교육을 받은 개인 개인이 수대를 걸쳐 문화와 사회에 큰 영향을 미친다는 의미에서 하나님은 손자와 증손자를 가지셨다고 말할 수 있다.

무엇이 기독교 교육의 본질적인 것인가? 우선 기독교 교육은 하나님께서 인간을 창조하실 때 내재하게 하신 미와 진리와 양선을 위해 균형있는 교육과 헌신이 있어야 한다. 모든 진리(Truth)는 하나님의 진리요, 모든 미(Beauty)는 하나님의 미이며, 모든 양선(Goodness)은 하나님의 양선이다. 이 말씀은 우리 생애의 모든 부분을 하나님께서 인간에게 선물로 주셨다는 뜻이다. 우리들의 삶의 모든 부분이 하나님의 권위 아래 있을 때에만 바로 이해될 수 있고 기쁨을 수반할 수 있다. 3대 개혁자 중의 한 학자인 Abraham Kuyper는 "이 지구상의 한 평방 센치미터도 예수 그리스도가 주님이 아닌 곳은 없다"(There is not one square centimeter on the face of the earth over which Jesus Christ is not Lord.)라고 말한 적이 있다.

따라서 기독교 교육은 삶 전체를 위한 교육이 되어야 한다. 기독교 교육은 머리, 가슴, 손을 교육하는 교육이 되어야 한다. 기독교 교육은 진리(Truth)를 가르치고, 예술(Beauty)을 가르치며, 그리고 양선(Religion)을 가르쳐야 한다. 진정한 기독교 교육은 균형잡힌 천국 일꾼을 만드는데 기여해야 한다.

편저자

사람의 값 (1)

1865년 미국에서 한 사람의 노예가 얼마에 팔렸을까? 애틀란타(Atlanta)에 있는 역사 박물관의 기록에 의하면 1865년 노예였던 밸리(Bally)와 그의 딸 앨리스(Alice)가 1800불에 팔렸다고 나온다.

– 박형용 전언

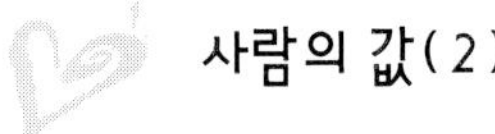

사람의 값 (2)

중국 정부가 한 가족이 한 아이만 갖도록 하는 정책을 펴고 있기 때문에 남아 선호 사상이 팽배하고, 거기에 겹쳐 지긋 지긋한 가난 때문에 사람을 물건 취급하듯 하는 웃지 못할 일이 발생한다.

중국에서 3개월 미만의 아이 118명을(118명 중 1명만 남자 아이) 한 아이당 8불 미만으로 팔아 넘긴다. 다른 중개인들이 이런 값에 아이를 사서 다른 사람들에게 더 비싼 값으로 판다. 이 일은 병원의 의사와 간호사, 그리고 산파가 서로 결탁하여 이런 일을 한다.

– National Post(Vancouve의 기사

(2004.7.31.토)

# Atlanta 이름의 기원

미국 동남부에 조지아(George)주가 있고 주 수도인 애틀란타(Atlanta)가 있다. 그 이름의 기원에 대해 두 가지 견해가 있다.

첫째 견해는 Atlanta가 Atlantic의 여성 명사라는 제안이 있으며

둘째 견해는 Martha Lumpkin's middle name이 Atalanta인데 그 Short form이 Atlanta여서 Atlanta로 부르게 되었다고 한다.

아까운 사람

장기려 박사 돌아가실 때 신문들은 그를 가리켜 '위대
한 사람, 아까운 사람' 이라고 평했다.

# 지도자와 자제력

스페인의 철학자 가셋(Cortega Y. Gaset)은 지도자에게 필요한 가장 중요한 자질은 극기심이라고 했다. 지도자는 자기가 가지고 싶은 것이나 하고 싶은 것도 필요에 따라서는 억제할 수 있는 자제력(극기심)이 필요하기 때문이다.

미켈란젤로의 작품과 면죄부

로마의 성 베드로 대 성당이 있다. 여기에는 르네상스 예술이 최고의 절정을 이룬 르네상스 건축물의 뾰족탑이 있다. 이곳에 우리가 자주 듣는 미켈란 젤로의 작품과 라파엘의 작품이 있다. 로마를 방문한 방문객들은 이들의 작품을 보고 감탄해 마지 않는다. 그러나 우리가 상기해야 할 사실은 이 예술가들이 이런 예술품을 만들면서 독일의 농부들에게 면죄부를 판 돈에서 생계비를 받았다는 사실이다. 루터가 종교개혁을 일으키기 시작한 것도 그와 같은 부정에 대해서 항의할 때 였다는 것이다.

금세기 최고의 발명
"The Greatest Inventions of the Century"

① the mute button - Forest Mute가 Hackensack, N.Y에 있는 그의 garage에서 Howard Stern의 방송을 안들을 수 있는 방법을 생각하다가 우연히 소리를 안들리게 하는 법을 알아냈다. 그는 TV에 이 법을 적용하면 성공할 것이라 생각하여 발명한 것이 그의 이름을 딴 mute button이다.

② Lamar Beach는 Scotch tape 분배기(dispenser)를 발명해 편리함을 제공했다.

③ Virginia Wild는 평범한 가정 주부였는데 어느날 아침 일어나서 자신의 눈이 흐리게 보이고 신비스러움이 전혀 없는 것을 깨닫고 숯을 사용하여 눈 주위를 까맣게 칠했다. 생전 처음으로 남자들이 호기심을 보였고 자기를 좋아하기 시작했다. 그 때부터 eye shadow가 자유

세계의 큰 사업이 되었다. Mrs. Wild는 억만장자가 되었다.

④ Zion Zimrod는 fat-free-fat을 발명했다. Zion은 닭고기 fat을 1000도 되는 microwave에 넣어 그것을 태운 다음 남아있는 것이 fat free 인 것을 발견했다. Zion은 그것을 흰 쥐에게 먹여 보니 전혀 몸무게가 늘지 않았다. Zion은 특허내는 것을 잊고 그대로 방치했기 때문에 한 푼도 벌지 못했다.

 ## 세계에서 가장 큰 발

파키스탄 사람 사티씨는 키가 2m27, 몸무게 150kg, 발길이 400mm(40cm)나 된다. 그는 2000년 2월 한국을 방문하여 22일 금강제화 광화문 지점에서 신발을 맞췄다. 2000년 2월 26일 "사람이 신는 구두로는 세계에서 가장 클 것으로 여겨지는" 구두를 신게 됐다.

# 베토벤은 살아 있을 때 골치가 아팠다

베토벤의 머리카락 8개가 영국의 경매장에서 560만 원에 팔렸다. 방사광 가속기로 베토벤의 머리카락을 분석한 결과 베토벤의 생전의 병을 알아냈다. 베토벤의 머리카락에서 납이 보통 사람의 100배정도 발견되었다. 그 이유는 산업혁명시대였기 때문에 납이 담긴 물고기를 먹었거나 산업혁명시대로 인해 오염된 물에서 납을 섭취했을 수 있다.

 ## 신분의 변화와 각오

세익스피어의 세가지 희곡(헨리 IV세의 1부와 2부, 그리고 헨리 V세)에 헨리 5세의 이야기가 담겨져 있다. 헨리 5세는 젊은 시절을 허랑방탕하게 살았다. 그는 많은 시간을 나이 많은 존 폴스태프(John Falstaff)와 함께 향락에 빠져 살았다. 그런데 부왕이 서거하게 되자 왕자 헨리는 부왕을 이어 왕이 되었다. 왕이 된 후 왕자 헨리는 왕의 위치에 걸맞게 살기 시작한다. 그가 왕위에 오른 것은 그가 지닌 어떤 미덕 때문이 아니었다. 그는 왕의 아들이었기 때문에 왕위에 오른 것이다. 왕관을 쓴 헨리 5세는 왕위에 합당하게 살기로 맹세한다.

   … 내 안에 흐르는 혈류는
지금까지 공허한 가운데 오만하게
흘러 왔도다. 이제는 내 속의 피가 방향을
바꾸어 바다로 되돌아가, 그 곳에서 물과 함께

섞이게 되어, 금후로는 위풍 당당하게
흐르도다.

헨리 5세는 왕이 된 후 변화되었다. 헨리 5세는 왕이 된
후 영국에서 고매한 왕들 중의 한 왕으로 다스리며 살았
다.

노인들의 신체기능 자가 진단법

1. 두 다리를 앞뒤로 직선으로 붙이고 선다.
   10초 이상 이 자세를 유지하면 양호하지만 3초
   이내면 허약한 편.
2. 제자리에서 한 발을 최대한 앞으로 내디딘 뒤
   다시 원래 상태로 돌아온다. 이 때 최대 보폭이
   90cm를 넘었으면 양호, 60cm를 넘기지 못하면
   허약한 상태.
3. 손을 가슴에 대고 의자에 앉았다 일어서기를 5회
   반복한다. 소요 시간이 20초를 초과하면 허약한
   상태다. 12초 이내로 이 과정을 끝냈을 때 건강한 편.
4. 의자에 앉았다 일어서서 3m를 걸어간 뒤 다시
   돌아와서 의자에 앉는다. 소요시간이 10초 이내면
   양호. 16초를 초과하면 허약한 상태.
5. 한 발로 선다. 30초 이상이면 건강한 편이다. 그러나
   5초를 넘기지 못하면 기능이 많이 떨어진 상태.

– 서울대병원 가정의학과 조비룡 교수

역대 마라톤 세계 기록 변천사

연도	선수(국적)	기록
1908	존 하예스(미국)	2시간 55분 18초
1909	투레 요한슨(스웨덴)	2시간 40분 34초
1913	해리 그린(독일)	2시간 38분 16초
1936	손기정(1912-2002)	2시간 29분 19초
1952	제임스 피터스(독일)	2시간 20분 42초
1965	모리오 시게마쓰(일본)	2시간 12분 00초
1999	할리드 하누치(모로코 출생, 미국)	
		2시간 05분 42초
2002	할리드 하누치(미국)	2시간 05분 38초
2003	폴 터갓(케냐)	2시간 04분 55초

 - 28일 열린 2003 베를린마라톤 남자 풀코스에서 폴 터갓(34)과 새미 코리르(Sammy Korir)(이상 케냐)가 2시간 4분 55초와 2시간 4분 56초로 나란히 '2시간

5분 벽'을 돌파했다.

폴 터갓은 422개의 100m(42.195 km)를 매 100m
마다 17.76초에 뛰었다.

 # 1초의 중요성

2003 서울동아국제마라톤(3월 16일)에서 '차세대 에이스' 지영준(코오롱)이 1초 차이로 우승을 놓쳤다.

지영준은 16일 오전 8시 광화문을 떠나 잠실경기장에 이르는 대회 남자부 42.195km 코스에서 거트 타이스(남아공)와 막판까지 치열한 선두 경합을 벌였지만 2시간 8분 43초를 기록해 타이스(2시간 8분 42초)에 이어 준우승을 차지했다.

지영준은 결승점인 잠실경기장에는 타이스에 한발 앞서 들어왔지만 결승선을 150m 앞두고 역전을 허용했다.

하나님이 가라사대, "덮어놓고 기뻐하라"

초판 1쇄 발행 2005년 3월 10일

지은이 | 박형용
펴낸이 | 오광석
펴낸곳 | 도서출판 좋은 미래(등록 제40호)
주소 | 경기도 안산시 고잔동 506-9
전화 | 031) 405-0042~4
팩스 | 031) 484-0753

편집미술제작 | 양무리디자인(서울, 충무로)
           02) 2267-0396, 5396

ISBN 89-931737-5-3-03230
판권ⓒ 도서출판좋은미래 2005

정가 7,500원